詰め込みすぎの毎日が変わる!

子育ての「引き算」

モンテッソーリ教師
あきえ

Discover

はじめに

余計なものを手放すことで見えてくる本当に大切なもの

たくさんの本がある中で、この本を手に取ってくださりありがとうございます。「子育ての引き算」というタイトルのこの本を選んでくださったあなたは、もしかしたら子育てに毎日一生懸命で疲れていたり、子どもを思うあまりに習い事やスポーツ、知育など詰め込みすぎていないかな？と不安になっていたり、「もう少しゆとりをもって子育てしたいのに、どうしていいかわからない」と感じているのではないでしょうか。

そのように日々、子育てに向き合っている方に向けて、少しでも子育てを楽に、楽しむきっかけをお届けしたいという思いでこの本を執筆しました。本書では、詰め込みすぎの子育てから解放され、子どもの自立を助け、大人も心や時間に余裕がうまれ、自信をもって子育てできるようになる「子育ての引き算」の方法をお伝えします。

ご挨拶が遅れました。

はじめまして、私はモンテッソーリ教師あきえです。「子どもが尊重される社会をつくる」ことを目指して、子育てのためにモンテッソーリ教育を学ぶオンラインスクール「モンテッソーリペアレンツ」の運営、オンラインコミュニティ「Ｐａｒｋ」の主宰、講演、出版などの活動をしております。これまでの活動の中で、１万人以上の方々から子育てに関するご質問やご相談をいただいてきました。プライベートでは８歳と２歳の２人の娘の母でもあります。

本書では、モンテッソーリ教育の考え方やメソッドを「子育ての引き算」という方法でご紹介していきます。

みなさんの中には、モンテッソーリ教育をご存じの方もいらっしゃれば、初めて聞いたという方もいらっしゃるかもしれません。

モンテッソーリ教育は、子どもには「自ら育つ力」があると考え、子どもの自立と自律を助ける教育方法です。約110年前に生まれ、今では世界140カ国で行われています（詳しくはp.22のコラム「モンテッソーリ教育とは」でお伝えします）。

私はモンテッソーリ教育以外はだめ、モンテッソーリ教育がすべてだとは思っていません。それぞれの教育方法にいろいろな良さがあると思っています。

それでもなぜモンテッソーリ教育をおすすめするのか。それには、理由が2つあります。

1つ目は、子どもが生きる力を獲得できる
2つ目は、大人自身も子育てしながら大きく成長できる

このことについては、第6章で詳しくお話しします。

◆ 自信をもって子育てをする助けになりたい

これまでみなさんのお悩みにお答えしていて感じることがあります。それは、**子どもの育ちを助ける上で大切なことは実はそれほど多くない**ということ。「習い事はどうしたらいい?」「このかかわりで合っていますか?」などとたくさんご相談をいただきますが、お答えすることの内容はそこまで大きく変わらないのです。もちろん、具体的な内容はシチュエーションによって異なりますが、本質は共通しているのです。

それは子どもの**〝今〟のニーズに合った助け方**をしていくということ。育っていく当事者である**〝この子〟の「らしさ」と「ペース」とを保障しながら、〝その子〟に〝今〟必要な助けをすることが大切なのです。**

「ちゃんと育てないと」、「後悔しないように子育てしないと」と思うと、いろいろなことを「足し算」したくなってしまうことはありませんか？　現在は情報も多く、多様な価値観が共存する時代です。私も一人の母として子育てをしていますが、情報の多さに圧倒され、どれを取り入れ、何を取り入れないか、選択する必要性を強く感じています。

そんな時代だからこそ、**子育てで大切にしたい「軸」や「信念」を明確にし、「足し算」ばかりしてしまいがちな子育てを一度見直し、必要のないものを「引き算」することが大切です。**そうすることで、もっと子どもとの時間を心から楽しみ、自信を持って子育てができるようになるのです。その実現に少しでも役立ちたい。

そう思い、この本を書くことにしました。

本書は次の流れで構成されています。

序章では、引き算のメリットと引き算したい考え方について見ていきます。

第1章では、子どもの育ちのゴールや引き算の土台について見ていきます。

第2章では、「今の自分を知ること」をワークを通して行います。

第3章では、「7つの子育ての引き算」を行います。

第4章では、読む中で抱いた疑問を解消していきます。

第5章では、ワークを通して子育てで大切にしたいことを見つめます。

第6章では、モンテッソーリ教育の視点から、引き算した未来について見ていきます。

本書を通して、**今を知って↓引き算して↓大切なものを見つける。**

このステップを順番に踏みながら、一緒に「子育ての引き算」をしていきましょう。
この本を読むことで、あなたの子育てにはこのようなポジティブな変化が起こります。

- 子育てで何を手放したらいいのかがわかる
- 子育てで大切にしたいことがわかるようになる
- 子育ての不安やプレッシャーを手放すことができる
- 子どもとより深い絆を築くことができる
- 子育てに対する自信がつく
- 詰め込みすぎのイライラから解放される
- モヤモヤが晴れ気持ちや時間にゆとりが生まれる

さらに、**引き算をすることで「2つの〝楽〟」を実現することにもつながります。**
これについては第6章で詳しくお話しします。
私たち大人のまなざしや考え方が変わると、子どもが変わって見えてきます。
「子育ての引き算」を通じて、一緒に子育ての新しいカタチを見つけていきましょう。

※この本は、0～6歳の乳幼児期を中心に
0～9歳頃を対象にして書いています。

◆その4 「べき思考」の引き算 ⟶ 134ページへ

- □ 「○歳なのに何でできないの？」と感じて、できない姿にイライラしてしまうことがある
- □ 「周りの子もやっているから（うちの子もすべき）」と子どもに何かをさせたくなってしまうことがある
- □ 子どもが選んだ物（洋服、絵本、玩具など）に対して「それはちょっと……」と受け入れられないときがある

◆その5 「競争＆比較」の引き算 ⟶ 152ページへ

- □ 子どもの行動を促すために「誰が一番早くできるかな？」と競争させてしまうことがある
- □ 他の子とわが子を比較して「うちの子はこんなにできない」と落ち込むことがある
- □ SNSなどでわが子と同年齢の子どもの姿を見て、急にモヤモヤすることがある

◆その6 「不一致な言動」の引き算 ⟶ 170ページへ

- □ 「片づけようね」と言いながら、実は自分も整理整頓ができていないときがある
- □ 「お友達に優しくしようね」と言いながら、子どもにイライラした態度をとってしまうことがある
- □ 子どもと一緒に決めたルールを、忙しさや面倒くささからやぶってしまうことがある

◆その7 「賞罰」の引き算 ⟶ 188ページへ

- □ 子どもがしてほしくないことをしていると、強い口調で叱ってしまうことがある
- □ 「鬼が来るよ」「お菓子抜きね」などと脅したり、罰を与えたりすることがある
- □ 「すごい！」「天才！」「才能あるね！」と子どもを褒めちぎってしまうことがある

子育ての引き算　チェックリスト

このチェックリストを使用して、7つの「引き算」の中から気になる引き算を見つけてください。結果はあくまで参考としてご利用ください。

◆その1　「決めつけ」の引き算　⟶　78ページへ

□　子どもが何かをするときに「どうせできないだろう」「また失敗するだろう」と思ってしまうことがある

□　子どもの姿を見て「この子は○○な子だ」と決めつけてしまうことがある

□　子どもが何か失敗をした後に「ほら」「やっぱり」と思うことがある

◆その2　「手出し口出し」の引き算　⟶　98ページへ

□　子どもが失敗しそうになると「違う」「こうでしょ」とその場ですぐ直したくなる

□　子どもにはできないだろうと判断して「大人がやるから」と代わりにやってしまう

□　子どもが間違いそうなときに「それはこうするのよ」と正解を教えたくなる

◆その3　「期待の押しつけ」の引き算　⟶　116ページへ

□　「これができるようになってほしい」と子どもに期待を押しつけてしまうことがある

□　「上手にできたか」「ちゃんとできているか」と結果ばかりが気になってしまう

□　「できるはず」と思っていることと実際の姿にギャップがあってがっかりすることがある

CONTENTS

序章　子育ての「引き算」とは

第1章 「引き算」の土台

第4章 Q&A 誤解しやすいことを解消しよう

第5章　子育てロードマップ　わたしの引き算編

第6章

モンテッソーリ教育の視点から見る子育ての「引き算」

COLUMN

モンテッソーリ教育とは

モンテッソーリ教育は、約110年前にイタリアの女性医師マリア・モンテッソーリが築き上げた教育方法です。彼女は多くの子どもを観察し、試行錯誤を繰り返す中で、本書でも触れる「自ら育つ力」が子どもには備わっていることを発見しました。

子どもが持つこの「自ら育つ力」を最大限に発揮させ、発達を促すためにはどうすれば良いかを考え、具体的な教育方法に落とし込みました。モンテッソーリ教育の目標は、子どもの「自立」と「自律」を育むことです。そして、一人ひとりが自立、自律を成し遂げ、ともに平和に生きることを目指しています。

さらに、モンテッソーリ教育では「環境を通して子どもの育ちを助ける」ことが非常に重要とされています。子どもは「自ら育つ力」を持っており、適切な環境に触れることでその力を最大限に発揮できると考えられています。もし適切な環境がなかったらどうなるでしょうか。それは、大人が一方的に教え込むだけの関係性になっ

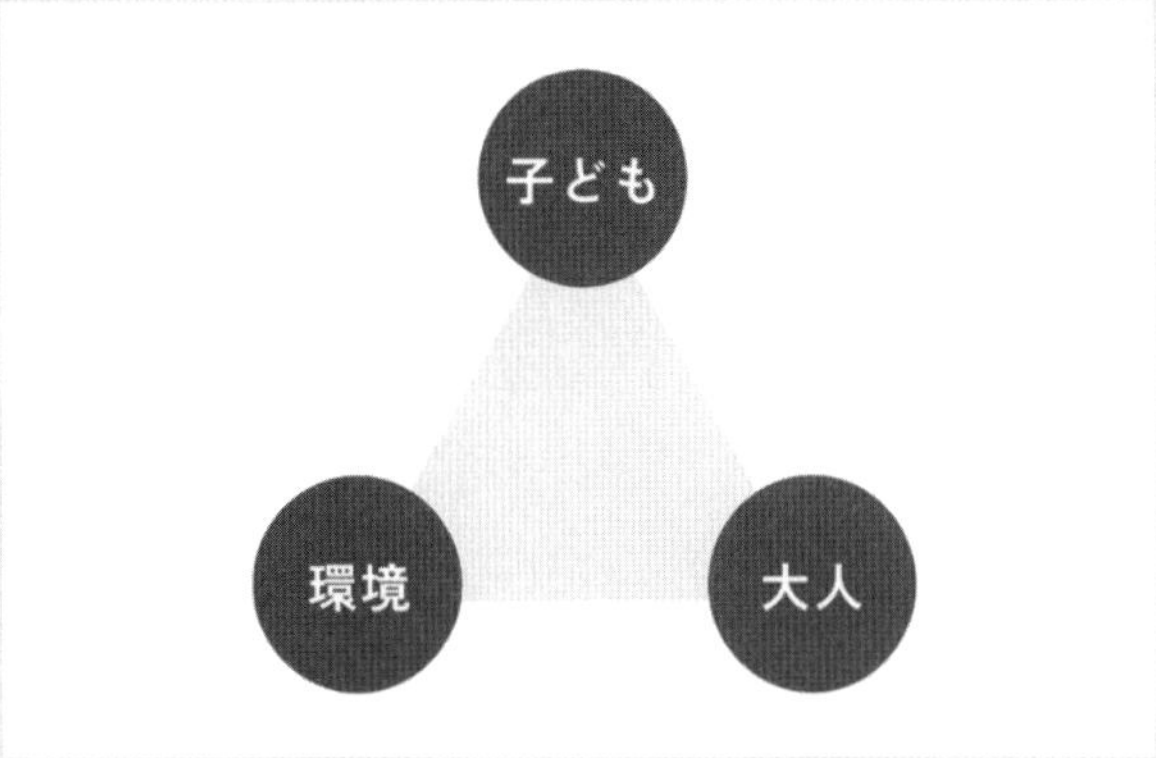

てしまいます。

そのため、モンテッソーリ教育では上のイラストのように「子ども」「環境」「大人」の三角関係を大切にしています。子どもを中心に考え、その子の育ちを助けるためにどのような環境と大人が必要かを常に考え、〝その〟子の「らしさ」と「ペース」を保障しながら、子どもの発達をサポートしていく教育方法です。

モンテッソーリ教育は、子どもが自ら学び、成長する力を尊重し、その力を引き出すための環境を整えることに重点を置いています。この教育方法を通じて、子どもたちは自分自身の力を信じ、将来にわたって成長し続ける基盤を築くことができます。

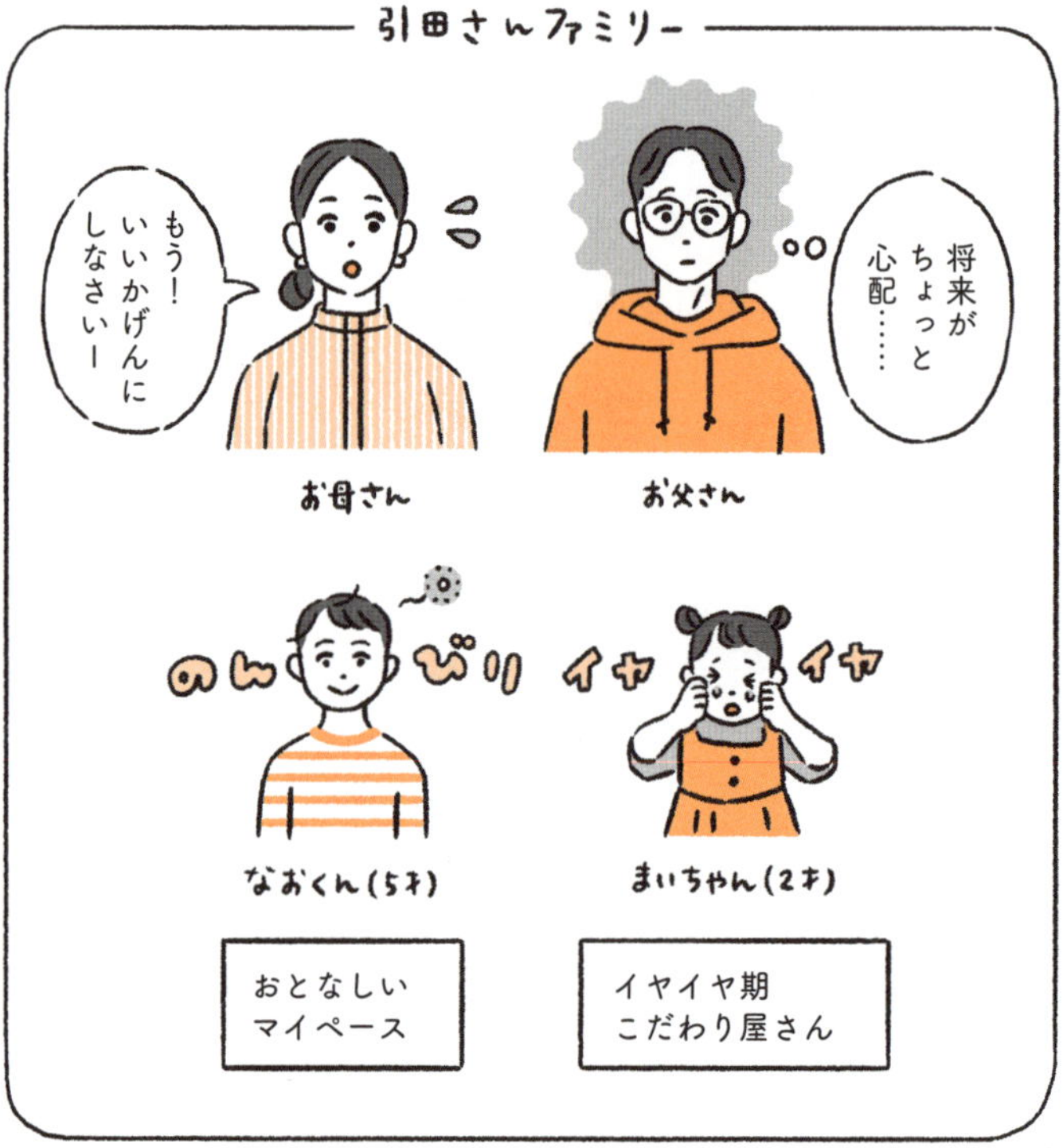
引田さんファミリー
もう！いいかげんにしなさいー
お母さん
将来がちょっと心配……
お父さん
のんびり
なおくん(5才)
イヤイヤ
まいちゃん(2才)
おとなしい
マイペース
イヤイヤ期
こだわり屋さん

一緒に引き算しましょう！
モンテッソーリ教師
あきえ

序章

子育ての「引き算」とは

子育ての「引き算」の考え方を紹介し、
引き算することで起こる
変化や効果についてお話しします。

◆ 詰め込みすぎの原因は「不安」や「プレッシャー」

現代は他人との比較が容易にでき、情報が多く、価値観が多様化している時代です。そのような中での子育てにおいて、何が正解かわからないと感じることは、ありませんか？

子育ては、誰もが最初は右も左もわからないままスタートします。1人目のときはもちろん、2人目、3人目とお子さんが増えても〝その子〟の子育ては初めてですし、何より「2人育児」「3人育児」はそのときからスタートするため、また新たな悩みや迷いが生じますよね。何が正解なのか、どうするべきなのか。いろいろなことがわからないままスタートするから、悩んだり、迷ったりすることがあるのはいたって自然なことです。

さらに、不安やプレッシャーから、スポーツや知育など、子どものために習い事を詰め込みすぎてしまうという人もいるのではないでしょうか？

「ちゃんと育てなきゃ」

「一度きりの子育てだから後悔したくない」

「どんな教育を受けさせるのが正解なんだろう」

「このかかわり方で正解なのかな」

「習い事はいつから始めたらいいんだろう？」

「仕事との両立は？」

「生きる力ってどう身につけたらいい？」

「将来のために、できることを最大限しなくちゃ」


このような不安やプレッシャーを感じている方もいらっしゃるかもしれません。

4000名を対象に1995年から2022年の27年間の子どもの生活や親の子育てに対する実態の変化を調査したものがあります（ベネッセ教育研究所「幼児の生活」第6回）。実際にそこでは、

「自分の子どもは結構うまく育っていると思う」

「子どもを育てるのは楽しくて幸せなことだと思う」

不安やプレッシャーからつい「足し算」してしまっていませんか？

などの「**肯定的な感情**」は減少している一方で、

「子どものことでどうしたらよいかわからなくなる」

「子どもがわずらわしくていらいらしてしまう」

などの「**否定的な感情**」が増加していることがわかりました。

このように「育児肯定感（育児できている、大丈夫という感情）」がもてない一方で、育児不安が高まっている現状は、大人にとっても子どもにとっても苦しい状態といえるでしょう。

実際にこれまで1万人を超える子育てのご相談をいただく中でも、「何が正解かわからない」「こうかかわるのが良いという情報も見たけど、別のところではそういうかかわりは良くないという情報を見た。何をあてにすればいいのか混乱する」というお声をいただくことが多々あります。それ故に「子育てに自信がもてない」というお声もとてもよくいただきます。

ただ、これは大人一人ひとりの能力や頑張りの話ではなく、私たち子育て世代を取り巻く環境に大きな影響を受けているものです。だからこそ、変えられること、自分がコントロールできることに目を向けていきましょう。

子育ては初めての登山に似ている

不安やプレッシャーを抱えたまま、私たちは子育てにどう向かっていくといいのでしょうか？

ここで少し質問をさせてください。

みなさんは、登山をしたことがありますか？　登山したことがある方も、ない方も頭の中で、初めて登る大きな山を想像してみてください。その山は、登るのにとても時間がかかる大きな山です。どのような山が頭に浮かびましたか？

さあ、これからその山に登ることになりました。どのようなことを考え、準備をしましょうか？

「登頂までにどれくらいの時間がかかるのだろう？」
「どんなルートがあるのかな？」
「荷物は何を持って行くといいのだろう？」
「適した季節はいつで、どんな服装がいいのだろう？」

いろいろな心配事や知りたいことが浮かびますね。事前に準備したいことがたくさんありそうです。

私が今、登山についてイメージしていただいたのには理由があります。

それは、**登山と子育ては、実はとてもよく似ているからです。**子どもの育ちを助け

重たい荷物を抱えたままでは前に進むのが大変ですね。

る「子育て」という大仕事もまた、登ったことのない大きな山に登るような長期の挑戦だからです。だからこそ、不安やプレッシャーも大きくなって当然なのです。

あれこれと情報を集めたり、「これがいい」と勧められたものをリュックにどんどん詰め込んだりしてしまう。

「これも必要かもしれない」
「あれも持っておいたほうが安心だ」

そうして、不安を解消するために次から次へと詰め込んでしまうのです。でも、リュックが重くなるほど、前に進むのが大変になってしまいますよね。

子育てにおいても、同じようなことが起きているかもしれません。**子どもにとって“今”必要かよりも、不安を打ち消し、失敗しないために、後悔しないために、あれもこれも詰め込んでしまうことが。**

しかし、重いリュックを持って進むのは疲れてしまいます。そもそも、リュックに何を入れたらいいか、どのルートが良いのかわからず迷っている間に日々が過ぎ、子どもはどんどん成長していくため、ますます不安と焦りが募ります。

そんな焦りや不安を抱えていること自体は、とても自然なことです。何も知らない中でスタートした子育てという登山。だからこそ、登山のように何が必要で何が必要ないのかを考えることが大切なのです。

足し算の子育てから引き算の子育てへ

より心地良く、そして楽しく子育てをするために、何を減らし、何を残すべきか。

その答えが「子育ての引き算」にあります。

では、「子育ての引き算」とはどういうものなのでしょうか？

「子育ての引き算」とは、あれこれと「足し算」するのをやめて、子育てにおいて本当に大切にするべきことを見極め、必要なものだけを選び取ること。そして、必要ないものは手放していくことです。

そうすることで、より自信をもって、ウェルビーイングな（自分にとってちょうど良い状態の）子育てを実現するアプローチです。具体的にどのようにして「子育ての引き算」を行うのかについては、これからの章で少しずつ見ていきます。

子育てをするとき、誰もが気づくと背負ってしまっている子育ての「ムリ・ムダ・ムラ」があります。

・ムリ：無理をさせてしまう・大人も無理をしないといけない
・ムダ：必要のないもの
・ムラ：一貫性のなさ

です。それらの必要ないものを取り除くことで、子どもと大人、双方にとってより豊かな経験が得られるようになります。

先ほどの登山の例に戻り、自分が登る山に必要のないものは置いていって、適切な道具を選び抜いて登山をしていくとどうでしょう？　きっと登山をより余裕をもって心地良く、楽しめるのではないでしょうか。

これこそが、本書でご提案する「子育ての引き算」です。

引き算することで変化すること

「子育ての引き算」をすることで、私たち大人と子どもの双方にさまざまな変化とメリットがもたらされます。ここで少し子育てに行き詰まっているご家族・引田さんファミリーの例を見てみましょう。よくいただくお声や現代の子育て事情をふまえ、私が考えた架空の家族です。

引田さんご夫婦は、5歳と2歳、2人のお子さんの子育てをする親です。しかし、子育てに関して不安やプレッシャーを感じ、あれやこれやとやってみるものの、うまくいかない日常に疲れを感じています。

引き算する前 BEFORE

引田さんご夫婦は、不安やプレッシャーから、詰め込みすぎの毎日を送っていました。日々、「もっとこれをしなければ」「あれもやらなくては」という思いに追われ、周囲の何気ないひと言にモヤモヤしたり、ＳＮＳで他人の投稿を見ては焦ったりしていました。そしてさまざまな教育グッズや玩具を購入したり、親子の時間が大切と保育園後には公園に行ったり、将来のためと思い休日には習い事に連れて行ったりしていました。その結果、家は物であふれ、時間に追われ、引田さん自身の心にはますますイライラやモヤモヤが積もっていきました。

では、そんな引田さん家族には「子育ての引き算」をすることでどのような変化が訪れたのでしょうか？　ＡＦＴＥＲの姿を見ていきましょう。

引き算すると AFTER

いかがでしたか？

「子育ての引き算」をしたことで、**いろんな情報に惑わされず、本当に子どもや自分たちにとって大切なものや必要なものを選び取れるようになりました。**「子育ての引き算」をしていくことで、ウェルビーイングな子育てができるようになった引田さんご夫婦の様子を見ていただきました。

ここで引田さんご夫婦の変化のポイントを見てみましょう。

BEFORE

- **他人とわが子を比べて焦燥感を抱いていた**
- **これを買っておいたほうが子どもの能力が伸びるという気持ちで次々に教育グッズや知育玩具を与えていた**
- **あれもこれもやっておいたほうがいいと、子どものキャパシティを超えて習い事などの予定を入れていた**
- **子どもが今求めていることよりも親の安心を優先にしていた**

・家族を大切に思う気持ちは同じはずなのに上手くいかないもどかしさを感じていた

AFTER

・他人と比べるのをやめ、不必要な焦りを感じることがなくなった
・家の中から不要な教育グッズや知育玩具を手放し、必要最小限にした
・習い事などの予定を減らし「今」を大切にするようになった
・親の安心より、今の子どもの欲求や興味を重視するようになった

以前は、「手放せない」と思っていたことを「手放す勇気」をもって「引き算」してみたところ、より豊かでウェルビーイングな子育てができるようになった引田さんファミリーの様子を見てきました。

大人にとってのプラスの変化

「引き算」をすると、大人にも子どもにもプラスの変化が起こります。まずは大人の

項目	BEFORE	AFTER
習い事	親都合で通わせる	子どもの興味に合わせて無理なく
知育玩具	次々に購入	必要最小限に
毎日の生活	時間に追われている	子どもの主体性を大切に
親の気持ち	将来への不安や焦り	今に目を向けて余裕がある
家庭の雰囲気	ギスギス&イライラ	笑顔&穏やか

引田さんファミリーの変化のポイント

場合から見ていきましょう。

「子育ての引き算」とは、本当に大切なものを見極め、必要なものだけを選ぶこと。そして、必要ないものは手放していくというアプローチです。

この引き算をすることで、次の4つの変化が起こり、大人自身がより自信を持って、心地よい子育てを実現できます。そして、大人に余裕が生まれると、自然と子どもも心地よい環境で育っていくことができるのです。

❶「感情」の変化

引き算で最も影響があるのは感情です。

将来を心配したり、周りの目を気にしたりして、必要以上に焦ったり、心配したり、不安になったり、モヤモヤしたりイライラしたりといった、ネガティブな感情を引き算することにつながります。**「これで大丈夫」という安心感や今を楽しむ気持ちなどポジティブな感情の割合が多く**なっていきます。

❷「行動」の変化

2つ目は行動です。子どもへのかかわりや声かけに変化が生じます。**心配や不安があるからこそ子どもを信じることができず、子どもを動かしたり、コントロールしたりするために過剰にしていた行動が減る**ことにつながります。手出ししたり、子どもに期待して強制したりといったかかわりも減るでしょう。

❸「時間」の変化

これは子どもとかかわる時間が減るということではありません。将来のためや、不

感情の変化	過剰な不安や焦りが減少し、心にゆとりができる
行動の変化	過剰な手出し口出しが減り、子どもを信頼し見守ることができる
時間の変化	不要な予定の詰め込みが減り、子どもの“今”に集中できる
物の変化	ムダな物が減り、子どもの興味に合わせた選択ができる

子育ての引き算で変化すること

安を安心に変えるために、詰め込んでいたいろいろな時間が減るという意味です。**子どもが〝今必要な時間〟にコミットすることにつながります。**そうすることで、より心豊かな時間を子どもと過ごすことができます。

❹「物」の変化

引き算することで生じる感情や考え方の変化に影響をうけて物が減るでしょう。あれもこれも「あったほうがいい」と判断して、**子どもの興味関心に関係なく用意していた物や玩具の量が減る**ことにつながります。

子どもにとってのプラスの変化

では次に、「子育ての引き算」をすることで子どもにとってどのようなプラスの変化があるのかを見ていきたいと思います。大きく分けて3つあります。

① 内発的動機づけで行動できる

「内発的動機づけ」とは、子どもの内側から湧き上がる興味や関心、意欲、欲求などが行動のきっかけとなっている状態のことをいいます。

大人に決められたことや「やったほうがいい」という期待に応える形で何かに取り組むのではなく、あくまでも自分の「やりたい」という意欲や興味関心によって行動を決めることができます。

それは、自分のやることを受け身で待っているのではなく、**「能動的に」考えて行動して**いくことにも直結します。

そうすることで、**自分の欲求に気づく力やそれを表現する力、さらには自己選択（自分で選択）して自己決定（自分で決定）する力にもつながって**いきます。

❷ 主体性が育まれる

2つ目は「主体性の発達」です。1つ目で見てきた「内発的動機づけでの行動」「能動的な行動」の経験の積み重ねで「主体性」は育まれていきます。いろいろなことを大人が決めたり、大人の期待に応えたりするのではなく、あくまでも**自分の人生の主人として人生を歩むことができます**。

自分の人生を他人任せで他人の軸で生きるのではなく、自分の軸で生きていく上で欠かすことのできないスキルです。

❸ 子どもの幸福度が向上する

3つ目は子どもの幸福度の向上です。これからの章でも詳しくご紹介しますが、**日々子どもがどのようなことを経験していくのかは、子どもの幸福度に影響を与えます**。「幸せな人生を歩んでほしい」というのは私たち大人が子どもに願っていることではないでしょうか。子育てで大切にしたいことを明確にし、自分たちには必要のないものを引き算することは、子どもの幸福度の向上にもつながっていくのです。

序章

まとめ

- 詰め込みすぎの原因は「不安」や「プレッシャー」
- 「子育ての引き算」とは、子育てにおいて本当に大切にするべきことを見極め、必要なものだけを選び取ること
- 大人と子ども双方にプラスの変化をもたらす

第1章

「引き算」の土台

子育てという山を登るために、
「子どもの育ち」のゴールについて見ていきましょう。

「子どもの育ち」のゴールとは

序章では、「子育ての引き算」の定義とメリットについてお話ししました。この章では、より効果的な引き算をするために、引き算する前に知っておきたいことについてお話しします。登山でいう「登山の前のガイド説明」のパートです。

山に登るためには、まずは自分が登る山を知ることが大切です。子育てという山を登るために、子どもの育ちについて見ていきましょう。これを理解することで、何を減らし何を残すべきかの判断基準がより明確になります。

みなさんは日々の子育てをする中で、「子どもの育ち」や「発達」という言葉をよく耳にするのではないでしょうか。

では、そもそも「子どもの育ち」や「発達」のゴールとは一体どうなることなのでしょうか？　少し頭の中で考えてみてくださいね。「これかな？」という言葉が浮かんだ方は次に読み進めてくださいね。

答えは、「じりつ」です。モンテッソーリ教育では、子どもの育ちのゴールをひと言で表すと、「じりつ」だと考えています。

この「じりつ」には、2つの種類があります。

それは「自立」と「自律」です。音は同じ「じりつ」ですが、意味が異なります。

では、「子どもの育ち」のゴールである2つの「じりつ」について、それぞれどのような意味があるのかを順番に見ていきましょう。

❶ 自立

1つ目の「じりつ」は「自立」です。自分で自分のことができるという意味です。

こちらの「自立」には、「身辺自立」「精神的自立」「知的自立」などさまざまな種類がありますが、ひと言でまとめると、**「自立」とは、自分のことが自分でできる、自分で考えて行動できる**ということです。

「おぎゃあ」と生まれた赤ちゃんは、最初自分で食事をすることも歩くことも話すこともできません。そんな赤ちゃんが、自分でスプーンを持って食事をしたり、行きたいと思ったところに自分で歩いていけるようになったりするのも、「楽しかった」「悲しかった」と自分の言葉でコミュニケーションがとれるようになったりするのも、全部「自立」です。

さらに、もっと成長して、自分がどのような学校に進学するのかを決め、自分の身の回りのことを自分で管理できるようになるのも自立です。

最初、大人のお世話が１００％必要だった状態から、徐々に自分でできることが増え、自分を自分で管理していくことができるようになる。これは人間として生きていく上で必ず成し遂げたいことです。

「自立が大切」という話をすると、よく「甘えはダメですか？」「できることも『ママやって～』というので、手伝っていいのか迷います」というご質問をいただきます。こちらについては、第４章のＱ＆Ａでお話ししていますので、ぜひ参考にしてください。

❷ 自律

もう1つの「じりつ」は「自律」です。**「自律」は、自分で自分の感情や行動をコントロールするという意味です。**

生まれたばかりの赤ちゃんは、自分の欲求や感情をコントロールすることができません。赤ちゃんは、お腹がすいた、眠いなどの不快感があると、泣くことで一生懸命教えてくれます。赤ちゃんは「今ちょっとお母さん忙しそうだからもう少し後で泣こうかな」などとコントロールなんてできないですよね。欲求のままです。

しかし、やって良いこと、やってはいけないことという善悪や社会のマナーなどを学びながら、徐々に感情や行動をコントロールすることができるようになっていきます。お友達が使っているおもちゃを使いたいと思ったときに、今までだったら欲求のままに奪っていた子が、やがて「かして」と言えるようになったり、待ったりすることができるようになるのもまさに「自律」です。

人間らしく幸せに生きていくためには、自分の感情や欲求をコントロールすることが欠かせません。たとえば、おいしいからとケーキだけを食べていたら健康に悪影響が出ますし、気持ちがのらないからと勉強や仕事を一切しなかったら生活が困難になることもあります。

自立・自律にかかる時間

さて、「子どもは一体どこに向かって発達しているのか」ということを見てきました。そのゴールは、「自立」と「自律」でしたね。子どもは日々そのゴールに向かっていっています。では、一体それはいつまで続くのでしょうか？　人間は生きている間ずっと発達を遂げていくのですが、あくまでも「自立」「自律」を成し遂げるのは「〇歳」であるとモンテッソーリ教育で言われています。

さて、何歳で自立・自律を成し遂げると思いますか？

答えは、24歳です。

「24年もかかるの?」と感じた方もいらっしゃるかもしれませんし、「意外と短いんだ」と感じた方もいらっしゃるかもしれません。

先ほどから子育ては「長期の挑戦」と「長い」ものであるということをお伝えしてきました。**その長期とは24年**なのです。

これは人間たらしめている部分の**脳の成長スピード**が関係しています。脳の司令塔とも呼ばれる前頭前野という部位は、成熟するのに時間がかかり、25歳前後だと言われています。そのため、人間としての自立・自律を成し遂げるのにも同じくらいの時間がかかるのです。

その自立・自律までの長い道のりを私たちはサポートしていく。それこそが「子育て」といえるでしょう。

〝自分で〟できるのを手伝ってほしい

このように、子どもは「自立」「自律」という目標に向けて、日々自分を成長させています。その道のりは決して短くなく、24年かかるものでした。

そんな道のりの最初の段階、0～6歳の乳幼児期に子どもが願っていることがあります。

それは、

「自分でできるように手伝って」

という願いです。

これは、〝大人に〟やってもらいたいということではありません。子どもが〝自分で〟できるように、〝手伝って〟ほしいのです。

×大人がやってあげる

〇子どもが自分でできるように大人が手伝う

この2つの違いは、意識しないと微々たる差のように感じますが、子どもの自立・自律を考えると、この2つの間には川が流れているくらい大きな差があると私は感じています。

子どもがこのような願いをもって自立・自律に向かうことを、私たち大人は一体どう考え、何をしていくことができるのでしょうか。

それらを理解するためにも、次は、引き算をするために大切にしたい4つの考え方について見ていきましょう。

◆ 引き算の土台になる4つの考え方

ここまで子どもの育ちのゴールや子どもの願いについて見てきました。続いては、「引き算の土台になる考え方」について見ていきます。引き算といっても、何もかも引けばいいというわけではありませんよね。ここでお伝えする考え方は、第3章の7つの引き算のすべてに通じる大切な原則です。

引き算の土台となる考え方は4つあります。

1　子どもの「自ら育つ力」を信じる
2　下に見るのではなく、対等に捉える
3　子どもの視点で「今」を考える
4　点での結果ではなく、長期目線を大切に

❶子どもの「自ら育つ力」を信じる

1つ目は、「**子どもの〝自ら育つ力〟を信じる**」です。p.22のコラム「モンテッソーリ教育とは」でも見てきましたが、子どもは環境から学び、自分を自立・自律の方向に向かって発達させる力をもっています。その力を信じるということです。

赤ちゃんは誕生時、「人間」として生まれてきますよね。しかし、まだ歩くこともできなければ、言葉で自分の意志を伝えることもできない。とても未熟な状態です。

それが、人生最初の数年間で、私たち大人と同じように歩き、話し、思いを伝え、自分で食事をとることもできるようになります。この変化、改めて考えると偉業ではないでしょうか！

さらに、その変化を、「そろそろ歩行を始めていい時期だから、今日も歩行練習しましょうね」「右足出したら、左足！　はい！　次、右！」などと特訓をするかといったら、しないですよね。

それでも、**世界中の子どもが（個人差はあれど）大体同じ時期に大体同じような発達を遂げていく**。それは**この「自ら育つ力」が成す技**なのです。**どの地域のどの時代のどの子どもにもこのプログラムされている「自ら育つ力」**。子どもはこの力に支えられて、自分がいる環境から学んで自分を発達させていくのです。

子どもは自分で育つ力があるということを知って、その力を信じることで私たちはより子どもの発達を助けることができるようになります。

❷ 下に見るのではなく、対等に捉える

2つ目は、**「下に見るのではなく、対等に捉える」**です。

これは私たちが子どもをどう捉えるのかという話です。

少し私たち大人の場合に置き換えて考えてみましょう。

もし、友人がいつも自分を見下してきて、何をするにも命令口調、いつも指示して

くる人だとしたらどうでしょう。「また会いたい」という思いよりも、「もう会うのはいいかな」という思いのほうが湧いてくるのではないかと思います。

このように大人の場合に置き換えると、「いやいや、大人とは話が別だよ」とも思うかもしれません。

確かに、私たち大人と子どもでは、できることや知っていることに大きな差があります。さらに、子どもが生きていけるようにお世話や保護をしているのは私たち大人です。

確かに知っていることも多いし、お世話もしている。でも、存在に優劣はあるかというと、それは決してないのです。

一人のこの世界に存在する人間として、あくまでも対等なのです。

さらに、子どもは**赤ちゃんのときからこの世界で自立・自律できるようになるために全力**です。その過程で、自分や他人、社会を信頼できるという信頼感を抱くことが欠かせません。そのためには、**一人の人として尊重されている実感と体験が必要**なのです。

子どもが話しかけたときにスマホを見たまま生返事をする、子どもが思いを伝えたときに「はいはい、わかったわかった」とまともに取り扱わない、「自分じゃできないんだから言うこと聞きなさい」と従うように強要するなど、してしまうことはありませんか？ 少しどきっとした方もいるかもしれません。このようなことを忙しい日々だと、〝つい〟やってしまうということが起きますよね。とてもお気持ちわかります。しかし、それこそが子どもを一人の人として尊重できていない態度になってしまうのです。

もちろん、いつでも完璧に子どもにかかわることは難しいですが、あくまでも同じ人間として対等に捉え、尊重することを意識するのはとても大切なことです。

③ 子どもの視点で「今」を考える

3つ目は「子どもの視点で〝今〟を考える」ことです。

今はVUCA（ブーカ）時代とも言われ、不確実性の高い時代です。

VUCAとは、**Volatility（変動性）**、**Uncertainty（不確実性）**、**Complexity（複雑性）**、**Ambiguity（曖昧性）**の頭文字を取った言葉で、現代社会がますます複雑化し、変化するスピードも早く、予測不能な状況になっていることを表します。

そのため、社会全体の「正解」がわからず、ましてや「正解だと思われていたこと」も数年で変わってしまうなんてことが起こります。

社会と教育・子育ては相互に影響し合っているため、**そのような不確実性の高い時代での子育ては、より確かな〝何か〟を持って安心感を抱きたい気持ちを強くさせます。**

みなさんも「何が正解か」がわからないまま子育てをしている感覚に陥ることはありませんか？

「後悔したくない」「失敗したくない」気持ちから、より確実な「成功の道」を提供したり、将来困らないためにとついあれやこれやと大人が子どもに与えたりしたくなるのも当たり前のことかもしれません。

しかし、私たちが考える「将来」と、子どもが今向き合っている「今」には大きな違いがあります。子どもは〝将来のために〟今を生きているのではなく、あくまでも〝今〟に向き合い自立と自律のために全力なのです。

極端な例ですが、ハイハイをしている赤ちゃんに「早く自転車に乗れるようになってほしい」と思い、自転車を用意してサポートしても何の意味もありませんよね。

この子が今向き合っていることは「ハイハイをもっとスムーズにできるようになること」です。それであれば、〝今、この子が向き合っていること〟に私たちも一緒に向き合う。それこそが、子どもの育ちにおいて最も重要なことです。

もちろん将来の姿を見据えて私たち大人が有効なサポートをすることは大切です。

しかし、発達はその段階ごとにクリアすべき課題を積み重ねて、初めて結果として将来の姿につながるものです。発達は連続しています。だからこそ過剰な〝将来のための今〟は手放し、〝今のための今〟を過ごす。子どもが今何を求め、何が必要なのか、何に困っているのか。それを見極めた上で育ちをサポートしていくことが欠かせません。

❹ 点での結果ではなく、長期目線を大切に

4つ目は「点での結果ではなく、長期目線を大切に」することです。

これまで見てきたように、子どもの育ちを助ける子育ては短期で成果が見えるものではなく、**長期のプロジェクト**です。最短でも自立まで24年かかるのです。

短期の目線も長期の目線もどちらも大切ですが、子どもの育ちの結果は、**打ったら響く太鼓のようにすぐに成果がでるようなものではありません。**

そのため、**点での結果だけではなく、長期目線をもつことが大切**なのです。

子どもの成長は、日々の「点」の積み重ねによって形成されます。たとえば、2歳頃に「イヤイヤ」と怒る姿や、泣いて主張する場面が見られても、それがその子の将来の人格を決定づけるわけではありません。**今見せている行動は、すべて成長過程における「点」であり、これらの「点」が集まって将来の「結果」となる**のです。

しかし、短期的な「点」をすべてだと捉えてしまうと、つい不安になり、子どもを

コントロールしたくなってしまいます。「最近挨拶をしないから、この子は恥ずかしがり屋なのかもしれない」と早急に結論づけたり、「このままではいけない」と焦ったりしてしまうこともあります。さらには、すぐに効果が出るような習い事や、強めの言葉での叱責を使って結果を出したくなることもあるでしょう。

毎日の子どもとの時間が濃密だからこそ、目の前の「点」が「すべて」かのように感じることもありますよね。これは、登山で例えるなら、一合目の途中で見ている景色（点）をその山全体の姿だと思い込んでしまうようなものです。子どもの成長は日々の「点」の積み重ねであり、そのひとつひとつを短期的な結果として評価するのではなく、それが将来の姿を形作るための材料であると考えましょう。

今見せている子どもの姿は成長過程の「点」にすぎません。だからこそ、長期的な視点で成長を見守ることが大切です。

ここまで引き算の土台となる４つの考え方について見てきました。**①子どもの「自ら育つ力」を信じる、②下に見るのではなく、対等に捉える、③子どもの視点で〝今〟**

今の姿を見て焦らず、長期的な視点で成長を見守ることが大切です。

を考える、④点の結果ではなく、長期目線を大切に、でしたね。この4つの考え方が子どもの育ちにおいていかに大切で、子どもの育ちに影響を与えることもおわかりいただけたと思います。しかし、これは決して子供だけのメリットではなく、私たち大人にも心や時間の余裕をもたらしてくれ、ウェルビーイングな子育てを実践することにつながります。

第1章

まとめ

- 子どもは「自立」と「自律」という育ちのゴールに向かっている
- 子どもの「自ら育つ力」を信じることが大切
- 下に見るのではなく、対等に捉える
- 子どもの視点で「今」を考える
- 点での結果ではなく、長期目線を大切にする

第

2

章

子育てロードマップ棚卸し編

ワークを通して子育ての現在地を知り、
子育てのゴールを描きます。

◆ 現状を知ることで引き算のヒントを探る

詰め込みすぎの現状から抜け出すには、まず自分の状況を把握することが大切です。この章のワークに取り組むことで、あなたの子育ての現状と目標が明確になり、何を引き算すべきかのヒントが得られます。

次ページからの質問の答えをワークシートに書いていきましょう。もし思うように言葉にできない場合は、無理に言葉にしなくても大丈夫です。本書を読み進める中で何か浮かんできたら、その都度思ったことを書き加えてみてくださいね。

それでは、ステップごとにワークに取り組みましょう（このワークシートはダウンロードすることもできます。詳しくはＰ２７０をご覧ください）。

子育てロードマップ

ステップ1 ▶ 未来のゴールを描こう

Q　子育てという山を登りきったとき、どんな気持ちでいたいですか？

どのようなことを願っているのかを明らかにするためにゴールを想像してみましょう

子どもと楽しい日々を送ることができ、「やりきった!」と感じたい。

ステップ2 ▶ 今の自分を見つめよう

Q　今子育てで悩んでいることはなんですか？困っていることやモヤモヤしていることをすべて書き出してみましょう

今どのような不安や焦り、心配ごとがあるのかを言語化してみましょう

子どもに何度も伝えても思うように行動してくれずイライラしてしまう。

あまり良くない声かけや態度を子どもにしてしまっている。

周りが習い事を始めて、何をやったらいいのか焦っている。

ステップ3 ▶ 優先順位をつけよう

Q　ステップ2で書き出したものの中で一番解消したいことはどれですか？

ステップ2で書き出したものの中から特に感じているものを選びましょう

子どもに何度も伝えても思うように行動してくれずイライラしてしまう。

ステップ1 ▶未来のゴールを描こう

Q 子育てという山を登りきったとき、どんな気持ちでいたいですか？

どのようなことを願っているのかを明らかにするためにゴールを想像してみましょう

（例：やりきった！、後悔はなし、子どもとの時間を存分に楽しめた、大変だったけど子どもの成長を最大限助けられた）

ステップ2 ▶今の自分を見つめよう

Q 今子育てで悩んでいることはなんですか？困っていることやモヤモヤしていることをすべて書き出してみましょう

今どのような不安や焦り、心配ごとがあるのかを言語化してみましょう

ステップ3 ▶優先順位をつけよう

Q ステップ2で書き出したものの中で一番解消したいことはどれですか？

ステップ2で書き出したものの中から特に感じているものを選びましょう

memo

・本編を読み終えた後に第5章「子育てロードマップ わたしの引き算編」に取り組むことで、ワーク全体が完了します。

いかがでしたでしょうか？　ご自分の願いや感じていることをより知ることにつながったのではないでしょうか？　ここで書いたことについて、正解・不正解はありません。**〝自分が何を感じているのかを知っている〟ということに意味があります**。それは、自分が何を感じているのか、今の子育てどういう状況なのかを知る（認識する）ことがより良い方向に改善していくことにつながっていくからです。そのため、こう感じているのはいけないのかな？親としてどうなんだろう？などの評価はご自身ではせずに、まずは「今の自分はこう感じているんだな」とそのまま受け止めてください。

もし、思うように書き出せなくても大丈夫です。子どもは日々成長していくため、その成長にあわせて時間を置いて取り組んでみてください。

続いての章では、いよいよ「子育ての7の引き算」について詳しくみていきます。

第3章

子育ての7の引き算

普段の生活の中で、具体的に何をどう減らせばいいのでしょうか？　この章では、7つの具体的な引き算について詳しく解説します。

大人と子ども双方にゆとりが生まれる「引き算」

第2章で取り組んでいただいたワークはいかがでしたか？　それほど不安を抱え込んでいなかったという方もいらっしゃれば、意外と書き出すことが多かった、という方もいらっしゃるかもしれません。

抱え込んでいるものが多くて落ち込んだという方ももしかしたらいらっしゃるかもしれませんが、安心してください！　まずは、ご自分の現在地を把握することが大切です。把握して初めて、より良く変えていくことができるようになります。

いよいよこの章では具体的な「子育ての引き算」を見ていきます。

今からご紹介する7つの引き算を実践することで、子どもの自立心を育み、大人も子どももともにゆとりある生活を送ることができるようになります。引き算したい7つの内容は次の通りです。

【子育ての7の引き算】

その1「決めつけ」の引き算
その2「手出し口出し」の引き算
その3「期待の押しつけ」の引き算
その4「べき思考」の引き算
その5「競争&比較」の引き算
その6「不一致な言動」の引き算
その7「賞罰」の引き算

本書は、みなさんの「子育ての引き算」に伴走する本です。気になるところには線を引いたり、メモをしたりしながら読み進めてみてくださいね。そうすることで、自分の中での理解がより深まっていきます。さらに、第5章のワーク「子育てロードマップ　わたしの引き算編」で「大切にしたいこと」を考える際に、より選びやすくなります。では一つずつ見ていきましょう。

その

1

「決めつけ」の引き算

こんな人におすすめです

- 子どもが何かをするときに「どうせできないだろう」「また失敗するだろう」と思ってしまうことがある
- 子どもの姿を見て「この子は○○な子だ」と決めつけてしまうことがある
- 子どもが何か失敗をした後に「ほら」「やっぱり」と思うことがある

引き算する前　BEFORE

◆「決めつけ」は先入観や勝手な評価

マンガでは、ひとりで過ごすのが好きな子どもの姿を見て「このままじゃ社会性が育たないかも……」と感じたり、「この子は内気だわ」と決めつけたりする姿が見られましたね。

子育てをしていると、「どうせできないだろう」「この子は本当に何回言ってもわからない子だから」などと、無意識のうちに子どもに対して「決めつけ」をしたくなることはありませんか？

「決めつけ」とは、子どもに対して先入観や固定観念を持ち、その子の可能性や成長を限定的に捉えてしまうことです。

この「決めつけ」には、具体的には「先入観」と「勝手な評価」が含まれます。

・「先入観」とは、「どうせ〜だから」「〇歳なんだから〜できるはず」などの子どもを見る〝前〟に持っている固定された考えやイメージです。

・「勝手な評価」とは、「この子は内向的」「○○ができない子」などと子どもを見た〝後〟に自分の主観や個人的な基準で判断を下すことです。

しかし、**子どもは今まさに「自分」を創っている最中**です。その成長を助けるためには、「決めつけ」を手放すことが大切です。先入観や勝手な評価は、私たちの目を曇らせ、子どもの本当の姿を見えなくしてしまうからです。

「決めつけ」をすることには、いくつか心配な点があります。

・子どもの本当の姿や能力を見逃してしまう
・子どもの自己肯定感や自信の育みを妨げる
・大人が子どもの成長や変化に気づきにくくなる
・一度決めつけると、それに当てはまる姿ばかりが目につくようになり、間違った認識が強化されてしまう

「決めつけ」を引き算することで、子どもはありのままを受け入れてもらうことができ、自己肯定感や自尊感情を育むことができます。

そのために、意識したいポイントが3つあります。

❶子どもを「見る」のではなく「観察する」

子どもの育ちを助けるために必要なことは、子どもを〝観察する〟ことです。これは、ただ視覚的に見えているという「見る」ではなく、意識的に子どもの姿を「観察する」という意味です。

観察することがなぜ大切かというと、子どもの育ちを助けるためには、目の前にいる〝その子〟のニーズを知り、それに合ったサポートをしていくことが欠かせないからです。

たとえば、新しいパズルに挑戦しようとする子に、「すぐ諦めるからどうせやれないだろう」という先入観をもっていると、本当に子どもが必要としているサポートができないことがあります。「本当にやれるの？」「すぐ諦めちゃうからもっと簡単なのにしておいたら？」などと声をかけることもあるかもしれません。

しかし、そのような先入観をもたずに子どもを「観察する」ことをしてみる。すると、子どもはうまくはまらないピースがあっても、以前よりも長く試行錯誤する姿を見せるかもしれません。

第1章でもお伝えしたとおり、子どもは「自ら育つ力」をもっています。日々成長しているからこそ、見せる姿も日々少しずつ変化します。

しかし、私たちが先入観をもっていると、その小さな成長や変化にも気づけなかったり、そのチャンスを邪魔するようなかかわりをしてしまったりすることがあります。

② 〝今〟の子どものニーズを掴む

一度決めつけて「先入観」がつくられると、それに当てはまる姿を見るたびに「やっぱり」「また」「ほら」と頭の中でのその認識が強くなっていきます。

たとえば、「できないことがあるとすぐ諦める」という先入観をもっていると、子どもが少しでも諦めるような姿を見せたとき、「やっぱり」「ほら、また諦めた」と感じやすくなってしまうのです。そして、段々と子どもの直したい部分が目につくようになってしまうということもあるかもしれません。

私たち人間の脳は、使う情報ほど強く記憶されていくため、一度先入観をもつとそのような見方以外では見えにくくなってしまうことがあります。実際に目に映らないのではなく、見えているけれど気づきにくくなってしまうのです。

しかし、①のように〝今〟の子どもを先入感をもたずに観察する。その上で「この子が楽しんでいることは何だろう?」「何を求めているのかな?」もしくは「困っていることはあるかな?」と考えていきます。このように〝今〟の子どものニーズを掴むことができるようになると、そのニーズに合ったサポートを実現することができます。

そのようなサポートがあることで子どもはより「自ら育つ力」を発揮できるようになるのです。

さらにそれだけでなく、子どもはありのままの自分を受け止めてもらえているという実感と体験を積み重ねることができます。その体験が子どもの自尊感情の育みにつながります。

❸「子どもがどう感じているか」を大切にする

①や②のように「観察する」、「〝今〟のニーズを掴む」ことをした上で意識したいことが、子どもを観察した〝後〟の「勝手な評価」です。

せっかく先入観を引き算して、客観的に子どもを観察しても、その後に勝手な評価をしてしまうと、より「決めつけ」が強くなってしまいます。そのため、子どもを観察する〝前と後〟でそれぞれの「決めつけ」をしていないかを意識するのがおすすめです。

私たちは、「決めつけや勝手な判断はしたい」なんて思っていないのに、無意識に判断して、評価してしまうものです。

たとえば、公園に行ってわが子と年齢が近い子どもを見たり、保育参観でクラスのみんなの様子を見たりすると、評価したいと思っていなくても、「うちの子の発達って、だいたいこんな感じなんだ」などと思ってしまうということはありませんか？

他にも子どもの姿を見た時に「本当、不器用なんだから」「こういうところがだめなんだよね」と評価したくなるということもあるかもしれません。

そのような評価をすると、私たちの「決めつけ」が強くなり、引き算したはずの子どもを観察する〝前〟の先入観もさらに強くなってしまいます。大切なことは、大人がどう評価するかよりも、子どもが何を求めているかです。

だからこそ、観察した〝前と後〟の「決めつけ」をどちらも引き算するのです。そうすることで大人にも良い影響があります。それは、子どもの良い面や成長した姿により気づくことができるということです。すると私たちはより子どものありのままを受け入れ、無条件の承認ができるようになります。それが私たち大人の安心感や楽しさにつながっていきます。

自立・自律に向けて大切なことは周りに評価されることではなく、自分で自分を知っていくことです。自分の人生を自立的かつ自律的に歩むためには、自分を知っている力＝自己認識力が欠かせません。

そのため、大切なことは、「子どもがどう感じているか」に関心を向けることです。決めつけたくなったら、「子どもは何が楽しいのか」、「何が好きなのか」、「逆に困っているることがあるならどんなことか」、「何を心地悪いと感じるのか」をぜひ考えてみてください。

このように、自分がどう感じているのかに一緒に向き合って大切にしてもらうことで、子どもにとっては自己認識力を育むことにつながります。

次のページから、具体的なかかわり方を紹介しますので、ぜひ参考にしてください。

POINT

こんなかかわりをしよう

◆ 子どもを「見る」のではなく「観察」する

◆ “今”の子どものニーズを掴む

◆ 「子どもがどう感じているか」を大切にする

引き算する前　BEFORE

01
子どもと約束をするとき

BEFORE

（この子は約束を守れないから）
「どうせまた守れないでしょ？」

決めつけ

AFTER

（今できるようになっているとき！）
「こういう約束はどうかな？」

一緒に向き合う

まだまだ自立に向けて成長途中の子どもにとって、一度決めた約束を守り切ることは難しいため、「なんで約束守れないの？」と思うことがあるかもしれません。しかし、「どうせ」と決めつけてしまうと、肯定的なサポートができなくなってしまいます。難しいところはフォローしながら、守れるようにサポートしていくことがおすすめです！　根気がいりますが、客観的に子どもの〝今〟をぜひ観察してみてください。

＼MORE／
こんなかかわりもできる

「〜したいんだよね。どうしたらいいかな？」

一緒に考える

「前はできなかったけど、ちょっと我慢したんだね！」

プロセスを認める

02

新しいことを「やってみたい！」と言ったら

BEFORE

「どうせまたすぐ飽きるでしょ？」

決めつけ

AFTER

「どんなところが楽しそう？」

質問する

子どもの姿を日々間近で見ていると、「きっとこうなるだろう」「どうせこうなるはずだ」と決めつけたくなることもありますよね。私たちがついそう感じてしまうのはある意味自然なことです。しかし、それを子どもに直接伝えたり、私たちの心の中にこの考えを固定化したりすることは避けたいですよね。そのため、ここでも観察を心がけ、必要なサポートを見つけようとするまなざしが大切です。

＼MORE／
こんなかかわりもできる

観察する
「今どんなことを楽しんでいるんだろう？」

認める声かけ
「最近楽しんでいるもんね！ やってみようか」

03

嫌なことがあると癇癪を起こす

BEFORE

「本当に、わがままな子」
「聞き分けが悪い子で困る」

決めつけ

AFTER

「何を求めているんだろう」
「泣く時間が短くなってきた」

観察する

癇癪を起こしたり、泣いて訴えたりすると、私たち大人としては「早く落ち着かせたい」という気持ちが強くなりますよね。しかし、子どもの姿を観察して、子どもが主張していること、伝えようとしていることを汲み取ったり、「訴え方が変わった」「少し言葉で伝えられるようになった」など、これまでとの変化を観察したりするのがおすすめです。どうしてもおさまらないときには、抱きしめたり、一緒に深呼吸をするのもおすすめ。まだ年齢の低い0歳くらいの場合は、暑い・眠い・空腹などが解消できるようにしましょう。その上で次の「MORE」も参考にしてください。

＼MORE／
こんなかかわりもできる

「お顔が真っ赤だから一度お茶飲もうか」
肯定的な促し

「『いやだった』って言葉で教えてくれてありがとう」
認める声かけ

04

友達におもちゃを貸せない

BEFORE

「どうせまた貸せないでしょ」
「ほら、やっぱり貸せない子だ」

決めつけ

AFTER

（前は「ダメー！」って叫んでいたけど）
「『つぎね』って言えるようになったね」

認める声かけ

「おもちゃを友達に貸せるようになってほしい」という大人の願いがあるからこそ、貸せない姿を見るとより決めつけたくなるのかもしれません。しかし、このようなときにも発達段階を踏まえながら、子どもの姿を客観的に観察していきたいですね。そうすることで「感情」や「行動（声かけ）」が減って、より大人は「楽」になります。次の「MORE」でご紹介しているかかわりも参考にしてみてください。

＼ MORE ／
こんなかかわりもできる

「貸したくないんだよね。『今遊んでいるからごめんね』って伝えようか」
モデルとなる

自分で「つぎね」って言えたし、喧嘩にもなっていないから見守ろう
見守る

その

2

「手出し口出し」の引き算

こんな人におすすめです

- 子どもが失敗しそうになると「違う」「こうでしょ」とその場ですぐ直したくなる
- 子どもにはできないだろうと判断して「大人がやるから」と代わりにやってしまう
- 子どもが間違いそうなときに「それはこうするのよ」と正解を教えたくなる

引き算する前　BEFORE

◆直すのではなく、気づくチャンスを！

マンガでは、子どもが自分でやろうとしているときに大人が手出し口出しをする姿が見られましたね。**「手出し口出し」とは、子どもが自分で取り組もうとしていることに対して、大人が過剰に介入したり、指示したりすることです。**「子どもの間違いを見つけたり、失敗しそうな姿を見たりすると、すぐ指摘して手出し口出ししたくなってしまうんです」というお声はよくいただきます。

私たち大人は子どもが失敗している場面を見ると、ついすぐに正解を教えたくなりますよね。「違うよ」「間違っているよ」「こうしたらできるよ！」と最短の正解ルートを紹介したくなるお気持ちはとてもよくわかります。しかし、ここでぐっと我慢し、**子どもに気づくチャンスをつくることが、真の学びを実現するために重要なのです。**第1章でも見た「子どもの願い」を覚えていますか？ **0〜6歳の子どもは「〝自分で〟できるように手伝って」と願っているの**ですよね。

「手出し口出し」をすることには、いくつか心配な点があります。

- 子どもの自立心や自己効力感（自分は大丈夫という感情）の育みを妨げる
- 子どもの試行錯誤する機会を奪ってしまう
- 子どもの「自分でやりたい」という意欲を削ぐ
- 「学ぶ」ことの本質的な理解を妨げる可能性がある

このようにならないために必要なのが、**「手出し口出し」の引き算**です。

私たち大人の不必要な介入を減らすことで、子どもは自分のペースで物事に取り組むことができ、**自分で間違いに気づいて訂正する力「自己訂正力」を育むことができるのです。**

そのために、意識したいポイントが3つあります。

❶ 子どもの様子を「見守る」姿勢をもつ

子どもは今、「できるようになる」ための道のりを一歩ずつ歩んでいる最中です。すべてが発達途上にあり、まさに成長のプロセスを進めているときです。そのようなときに、私たち大人が大切にするべきことがあります。さて、一体何でしょうか？少し考えてみてください。

それは、**「見守る」**ことです。

子どもが**「自分でやって↓気づいて↓ときに失敗して↓やってみて↓自分でできた！」**まで到達するこのプロセスを見守り、**必要なときだけ助ける**。「このプロセスをあなたのペースでやっていいのよ」と保障することがとても大切なのです。

よかれと思った手出し口出しが、子どものやる気やチャレンジ精神、**自信を奪ってしまうことがあります**。実は、子どもが自ら築こうとしている自信は大人が思っている以上に繊細で、大人のささいなひと言で一気に崩れてしまうこともあります。だからこそ、指摘したり手出し口出ししたりすることには慎重になるのがおすすめなのです。

❷ 学ぶプロセスを保障する

さらに、**「学ぶ」とはどういうことなのかという捉え方にも影響を及ぼす可能性もあります。**「学ぶ」と聞くと、「＝学習」というイメージがあり、乳幼児期の0〜6歳には関係なく、小学校に行ってから関係するのでは?と感じる方もいらっしゃるかもしれません。

しかし、実は**「学び」は誕生したときから始まっている**のです。言葉を喋ることができるようになるのも、スプーンやフォークを使って食事ができるようになるのも、実はすべては「学び」の賜物なのです。

たとえば、目の前にあるこの赤い丸いものを「りんご」と言うのだと、さまざまなりんごの実物を見て、言葉を聞いてインプットし、次に青りんごに出会っても、「色が違ってもこれもりんごっていうんだ」と学んでいくのです。

そうして、子どもは誕生したときからこの世界のことを知り、体験して、どんどん学んでいくのです。このようなときに重要なのは、正解や知識を最短で覚えることではありません。**ただ暗記するのではなく、自分の身体を使って、自分で体験して、失敗も含めて探索すること、そして「自己訂正」を通して自分で発見することなのです。**そのプロセス全体こそが、子どもにとって「学び」になります。私たち大人が①「見守る」、②「学ぶプロセスを保障する」ことで、子どもは「学ぶ」ことの本質を経験し、理解することができます。

③ 必要最小限のサポートを心がける

①、②と見てきましたが、「ただずっと見守っていればいいの？」かというと、そうではありませんね。成長を助けるためには、過不足のないサポートが必要です。そのときに考えたいことが「子どもがそのサポートを求めているか」「今、この子にそのサポートが必要か」ということです。

私たち大人はつい、結果だけを見て評価してしまいます。**「できていない＝学べていない」と思い、つい指摘して、最短で「できた」状態に大人の力でワープさせたく**

なってしまうのです。それでは子どもが自ら学ぶ機会を奪ってしまいます。

だから、「手出し口出し」を引き算して待って、見守り、必要なときに助けることで、子どもはいろいろなことを学ぶことができます。「あれ？　違うな」「できない」と思ったときに、諦めてしまうのではなく、子どもなりに考えてみる。さらには、「こうかな？」「どうかな？」と繰り返し試行錯誤する中で「ここが違ったんだ」と問題を発見して解決することができます。問題解決だけでなく、自分で訂正する「自己訂正力」の育みにもつながります。そして、実際にできたときに「できた！」という喜びはもちろん、それを自分でやった喜びからくる「自分はできる」という有能感や自己効力感を育むことにもつながります。

そして、そのような経験や精神的な育みが「またやってみよう」という意欲につながって、「学び」を促進していくのです。

もちろん大人にも良い影響があります。それは見守ることで余計な「感情」や「行動」が減ることです。ついハラハラ、モヤモヤ、イライラしていたところから抜け出すことができます。

最初は、手出し口出ししたくてウズウズするかもしれません。そのようなときは、物理的に離れ、少しずつ慣れていきましょう。そしてうまく見守ることができたら、そんな自分を認めてあげてください。

次のページから、具体的なかかわり方を紹介しますので、ぜひ参考にしてください。

POINT
こんなかかわりをしよう

- 子どもの様子を「見守る」姿勢をもつ
- 学ぶプロセスを保障する
- 必要最小限のサポートを心がける

引き算すると　AFTER

01

服のボタンをつけ間違えている

BEFORE

「よく見て！
間違ってるよ！
直そうね」

手出し口出し

AFTER

（できたつもりなら）何も言わない

見守る

子どもが自分でやって「できた」つもりでいるのであれば、そのまま見守り、すぐに指摘しなくて大丈夫です。「ずっとこのままだったら恥ずかしい」「いつもボタンをかけ違えてしまうのでは？」と思うかもしれませんが、いつか気づいて、自分でできるようになる日が来ます。とはいえ、「今日は発表会なのでどうしても直したい」という日や、「そろそろ気づいてほしいな」と感じるときもあると思います。そのようなときは次の「MORE」も参考にしてみてください。

＼MORE／
こんなかかわりもできる

「確認して一緒に鏡を見てみよう」
気づきを促す

「ここのボタンどうなっているかな？」
気づきを促す

02

自分でやっているけれど時間がかかっているとき

BEFORE

「あ〜もう！やってあげるから貸して！」

手出し口出し

AFTER

可能な限り見守る

見守る

１歳半頃から少しずつ「自分でやりたい！」という気持ちが大きくなっていきます。しかし、まだ自分でやるには不十分だし時間もかかります。そんな姿を見ていると、つい手出し口出ししたり、助けたくなったりしてしまうのですが、ここはぐっと我慢です！　可能な限り見守ることが、子どもの「自分でできた！」という自信を育む助けにつながります。どうしても時間がないときなどは次の「ＭＯＲＥ」も参考にしてみてください。

＼MORE／
こんなかかわりもできる

「もうお家を出ないといけないから、少しだけ手伝ってもいい？」

確認する

「ここ、できたね！　次はどうするのかな？」

気づきを促す

03 間違った文字を書いている

BEFORE

「違うでしょ！
こうやって書くんだよ」

手出し口出し

AFTER

（できたつもりなら）何も言わない

見守る

字を書くことについては、「このまま変な書き方になってしまったらいけない」と思い、悪いくせがついてしまう前に直したほうがいいのではと感じる方も多いのではないでしょうか。しかし、字も先ほどのボタンの例と同じです。たとえ、ぐちゃぐちゃでも、鏡文字になっていても、子ども本人が「書けた！」と自信に溢れているときは、まだ子どもが「正確性」を求めていない証拠。そのため、子ども視点に立って、見守るのがおすすめです。「うまく書けない」「なんだか変」などと困り始めたときが助け船を出すベストタイミングです！

＼MORE／
こんなかかわりもできる

「書いてみるね」（大人が書く）
モデルになる

「この〝く〟は見本と同じように書いたんだね」
できているところを認める

04 箸の持ち方を間違えている

BEFORE

「持ち方が違うよ！きれいに持ちなさい」

手出し口出し

AFTER

その場では言わず別の機会にやって見せる

見守る

みなさんも幼少期に経験があるかもしれませんが、お箸を正しく持って食事をすることは、とても難しい動作です。しかし大人になって、いざわが子の箸の持ち方が間違っているのを見ると「このまま大きくなったら、汚い持ち方で本人が恥ずかしい思いをするのでは」などと気になって、指摘したくなるのではないでしょうか。

食事中に指摘し続けられると、本来楽しい時間になるはずの食事の時間が苦しい時間になってしまう可能性があります。そのため、お箸の持ち方は大人がゆっくりやって見せて、子どもが自分で気づけるようにするのがおすすめです。

＼MORE／
こんなかかわりもできる

お箸で物を掴む遊びを用意する
遊びの中で自己訂正

「お箸の持ち方どうかな？　あってるかな？」
気づきを促す

その

3

「期待の押しつけ」の引き算

こんな人に
おすすめです

- 「これができるようになってほしい」と子どもに期待を押しつけてしまうことがある
- 「上手にできたか」「ちゃんとできているか」と結果ばかりが気になってしまう
- 「できるはず」と思っていることと実際の姿にギャップがあってがっかりすることがある

引き算する前　BEFORE

「できるようになってほしい」を手放す

マンガでは、将来のことを思い大人がやってほしいこと、安心することとして子どもを英語の習い事につれていったり、運動会の徒競走で3位になった子どもが「楽しかった！」と話しているのに対して、1位になることに大人がこだわったりする姿が見られました。

子どもの将来や成長を考えると、「これができるようになってほしい」「これにも興味をもてるようにしておいたほうがいいのでは？」と期待したくなることはありませんか？　さらに「上手にできている」「ちゃんとできている」という結果への期待をしたくなることもあるかもしれません。

日々いただく子育てのご相談の中でも、「男の子だからサッカーをやらせたいけど、全然興味をもってくれない」「もっとちゃんと言うことを聞いてほしいけど全然できない」などのお声をいただくことがあります。このようなお悩みには実は「期待の押しつけ」が隠れていることがあります。

「期待の押しつけ」とは、大人の価値観や願望を子どもにムリに当てはめようとすることです。「これができるようになってほしい」「こういう子であってほしい」など、大人の期待を子どもに押しつけることを指します。

「期待の押しつけ」をすることには、いくつか心配な点があります。

- 子どもの個性や興味が尊重されない
- 子どもにストレスや不安を与える
- 子どもの内発的動機づけを阻害する
- 子どもの自己決定力の育みを妨げる

子どもの育ちを助けるためには、私たち大人のあらゆる「期待の押しつけ」を引き算することがおすすめです。

大人の「やったほうが良い」「こういう子であってほしい」「ちゃんとできていてほしい」という**「期待の押しつけ」を引き算することで、子どもの内側から湧き出る興味や関心、「やりたい」という子どもの気持ちを尊重することができます。**そうすることで結果として子どもの自己決定力の育みにつながります。

そのために、意識したいポイントが2つあります。

❶ 子どもが自分で決定できるように導く

子どもの育ちにおいて**大切にしたいことは、子どもが自分で決定（自己決定）する経験を積み重ねるということ**です。それは自分で自分の人生を生きていくためにも欠かせないことですし、幸福度にも影響を与えることだからです。

大人にやらされていたり、大人の期待に応えるためにやったりするのではなく、子どもが自分がやりたいと思うことに自分の時間や体力、エネルギーを使うことはとても大切です。

序章でもお伝えした**「内発的動機づけ」の重要性は研究でもわかっています。それは、「内発的動機づけや自己決定は幸福度に影響する」**ということです。2万人の日本人を対象に調査をした結果、自己決定度の高い人のほうが、幸福度が高いということが判明したのです（「幸福と自己決定—日本における実証研究」）。

自分自身の選択によって行動することで、より充実感や満足感を得られることが幸福度の向上につながっていくのです。

さらに、内発的動機づけは人生を主体的かつ自律的に生きていくのに欠かせないため、子どもの育ちにおいてとても大切なことなのです。

では、「内発的動機づけ」の反対は何かと言うと「外発的動機づけ」です。外部からの報酬や強制で行うことをいいます。たとえば、「やりなさい」と強制されていたり、やらないと怒られるのが怖いからやったりするなどはまさにその例です。他にも、やるとご褒美がもらえる、親が喜ぶというのも外発的といえます。

このような外発的な動機づけではなく、自分の内側から湧き出る興味や関心によって、自分がやりたいことに没頭する。そのような経験が「自己決定力」につながるだけではなく、達成感や満足感を味わったり、自己コントロール力が育まれたりすることにもつながります。

❷ 結果ではなくプロセスを大切にする

さらに、結果への期待を重視すると、私たち大人の期待と子どもの実力との間に大きなギャップが生まれ、子どもの「できないところ」が目についてしまうということもあります。そのため、「期待の押しつけ」の引き算には結果を重視することも含まれます。結果ではなく、プロセス（過程）を大切にすることがおすすめです。実際に、プロセスを大切にする必要性は研究でも明らかになっています。

「プロセスを認めることで内発的動機づけが高まる」ということがわかっているのです。

プロセスに目を向けている場合は、失敗の原因は努力不足だと考え、それによってより多くの努力を示すようになる可能性があることがわかりました。

しかし、ここまで読んで「でも、何でも自分のやりたいことばかりではなく、少しは我慢する力も必要なのでは？」と感じる方もいらっしゃるかもしれません。

確かに、人生においては何でも自分の欲求のままに行動することはできません。これについては第4章のQ＆A「自立には我慢も必要？」でご説明しますので、ぜひあわせてお読みください。

最初は「どうしても期待する気持ちが湧いてしまう……」と思うことがあるかもしれません。これまでお話ししてきたことと逆説的ではあるのですが、「期待する」ことと自体は決して悪いことではありません。しかし、この期待を「押しつける」ことは引き算したいのです。この「押しつけ」を手放すことで、私たち大人は焦りやもどかしさから解放され、より肩の力を抜いて子育てができます。

このように、大人のあらゆる「期待の押しつけ」を引き算することで大人は、子どもの〝やりたい〟を重視できるようになります。そして、子どもは内発的動機づけで行動することが叶い、自己決定力を育むことができます。さらに、子どもはより主体的に行動し、幸福感や充実感を感じられるようになるのです。

＼ POINT ／
こんなかかわりをしよう

◆子どもが自分で決定できるように導く
◆結果ではなくプロセスを大切にする

引き算すると AFTER

01

汚さずスムーズに食事をしてほしい

BEFORE

「もっときれいに食べて！」

期待の押しつけ

AFTER

「スプーンで食べられるようになったね！」

プロセスに目を向ける

食事は、毎日のことなので悩みが尽きませんよね。汚されるのが嫌、後からの片付けが大変、スムーズに進めたいなどの思いから「もっときれいに食べてほしい」「もっとスムーズに食べてほしい」という期待が高まることもあります。お気持ちはとてもよくわかります。ただ、食事は食べる喜びや楽しさも感じる時間なので、プロセスに目を向けながら長期的に捉えていくのがおすすめです。それでも少しずつできるように助けていくことは必要なので、次の「MORE」も参考にしてください。

MORE
こんなかかわりもできる

「見ててね、こうやって食べるんだよ」
モデルになる

「こぼれちゃっているから、こうやって拭こうね」
促す声かけ

02 周りもやっていることに興味をもってほしい

BEFORE

「男の子だからやったほうが良いのよ」

期待の押しつけ

AFTER

今この子が楽しんでいることを大切にしよう

内発的動機づけ

周りの子たちがやっていることに興味をもってほしいと感じることはありませんか？　例えば体操教室やピアノなどの習い事において。さらに男の子だから、女の子だからと大人のジェンダーバイアスで子どもがやるといいことを選ぶことがあるかもしれませんが、あくまでも子どもの内発的動機づけを大切にしたいですね。基本的には、観察をして子どもの興味関心を見極めるようにしましょう。そうすることで大人も「今」を大切にしながら、限りあるお金、時間、体力、気力をより良い子どものためにに使うことができます。

＼ MORE ／
こんなかかわりもできる

「今日は公園に行って、一緒に鉄棒するのはどう？」
提案してみる

（絵を描くのが好きだから）「○○くん、この絵のイベント行ってみる？」
提案してみる

03 お行儀をよくしてほしい

BEFORE

「もっとお行儀よくしなきゃダメ！」

期待の押しつけ

AFTER

「前よりお席立たずにお食事できるようになったね！」

プロセスに目を向ける

子どもはマナーやお行儀を少しずつ身につけている最中です。「こうあってほしい（お行儀よくしてほしい）」という結果を子どもに求めすぎてしまうと、大人の期待と子どもの実力にギャップが生まれることがあります。第1章でもお伝えしたように、今、子どもが見せている姿は、「点」であり、結果ではありません。今の子どもの姿をまず認めてみると、自ずと子どもの「良いところ」や「成長したところ」に気づけるようになります。すると、もっと子育てが楽になっていきます。

＼MORE／
こんなかかわりもできる

「見てて！　こういう時はこういう風に座るんだよ」

モデルとなる

「○○ちゃん、今の座り方素敵だね」
認める声かけ

04 社会性を身につけてほしい

BEFORE

「もっとお友達と一緒に遊ばないと！」

期待の押しつけ

AFTER

「前よりもお友だちと遊ぶようになったね」

プロセスに目を向ける

友だちづきあいで「こうあってほしい」という期待と現実の子どもの姿にギャップがあると、「お友だちと仲良くしてほしい」「社会性を身につけてほしい」などという気持ちが湧くことはありませんか？　しかし、そのようなときほど、子どもの「内発的動機づけ」や「プロセス」に目を向けていきましょう。そもそも、友だちといつも遊ばなくてもOK！と許容して、その子の「らしさ」と「ペース」を大切にしてあげていいのです。

＼MORE／
こんなかかわりもできる

内発的動機づけ
「今度みんなで公園で遊ぶみたいだけど、行きたい？」

モデルになる
「この前はありがとう」「ごめんなさい」と、大人がコミュニケーションを取る姿を見せる

その

4

「べき思考」の引き算

こんな人におすすめです

- 「○歳なのに何でできないの？」と感じて、できない姿にイライラしてしまうことがある
- 「周りの子もやっているから（うちの子もすべき）」と子どもに何かをさせたくなってしまうことがある
- 子どもが選んだ物（洋服、絵本、玩具など）に対して「それはちょっと……」と受け入れられないときがある

引き算する前　BEFORE

◆自分で考えて選び取る力を育む

マンガでは、「男の子だからピンク色を選ぶのは嫌だな」「小学校入学までにできるようにならなきゃ」という大人の考えが垣間見えました。

子どもに対して、たとえば「女の子だからピアノは習うべき」「来年小学生だから、今のうちにこれができるようになっているべき」「もう4歳なんだから自分でやるべき」などと、「〜すべき」と感じることはありませんか？

「べき思考」とは、「〜すべきだ」「〜でなければならない」という固定的な考え方で子どもを判断することです。

「べき思考」をすることには、いくつか心配な点があります。

・子どもの「意志力」や「経験」を奪ってしまう
・子どもに過度なプレッシャーを与える

・子どもの自由な発想や行動を制限してしまう

この「べき思考」は、普段生活している中ではあまり意識することはないかもしれません。しかし、「なんでその子どもの姿にイライラしているんだろう?」「どうしてその子どもの姿が許せないんだろう?」「どうしてこんなにモヤモヤしているんだろう?」と深掘りしていくと、実は心の奥深くにこの「べき思考」が隠れていることがよくあります。

子どもが自分の人生を幸せに生きていくために大切にしたいことは、**子どもが自己選択を重ねて、自分で考えて選び取る力（自己選択力）を育むこと**です。そのために、私たち大人の**「べき思考」を引き算する**ことが必要なのです。

そのために、意識したいポイントが2つあります。

❶ 目の前の子どもが求めていることを優先する

たとえば、「このお洋服を選ぶ子どもにモヤモヤ」するのは、実は「男の子だからピンク色は着るべきではない」という考えがあったり、「手伝ってと言う子どもにイライラ」するのは、「もう○歳なんだから自分でやるべき」という考えがあったりすることがあります。

ここで大切にしたいことは、**〝今の子どもに必要なことは何か〟を優先すること**です。

つい私たち大人の「こうあるべき」「こうしないといけない」という思いを優先したくなりますが、ぐっと我慢するのがおすすめです。なぜなら、子どもの育ちにおいて今、目の前の子どもが求めていることを満たしていくことが欠かせないからです。

目の前で子どもは求めているけど、私たちの「べき思考」がどうしてもそれを受け入れられなくしてしまうことがあります。そのようなときには、ぜひ心の中でご自分にこう問いかけてみてください。

「その〝べき〟、今のこの子に本当に必要？」

この基準で判断してみると、より「べき思考」を手放しやすくなっていきます。それでも、どうしても譲れない、どうしても手放せないときには、一方的に子どもに強制したり、子どもの意見や要求を拒否するのではなく、理由や思いを伝えてお子さんに別の案を提案してみましょう。

❷子どもの選ぶものをジャッジしない

1つ目のポイントを合わせて意識したいことは、子どもの選択をジャッジしないということです。ジャッジせず、失敗も含めて子どもが選ぶ自由を保障していきましょう。

おそらくお子さんと日々過ごしていると、子どもが選んだものやことと私たち大人の「べき」とがぶつかることがあるかと思います。

しかし、人生は選択の連続です。どの職業を選ぶのか、結婚する／しない、子育てをする／しないなど人生にかかわる大きな選択から、今日の晩ごはんは何を食べるなどの小さな選択も含めると毎日たくさんの選択をしています。ケンブリッジ大学の研究では、人は1日に平均3．5万回の選択をしていると示されています。

日々、自分で選ぶ経験を繰り返すことで、徐々に自分で選び取ったものに自信をもったり、「これでよかった」という成功体験を積んだりすることができます。すると少しずつ自分で選択する力「自己選択力」が育まれていくのです。

そのような自己選択力を育んでいくことは、発達のゴールでもある自立・自律するための土台です。

子どもはまだ意志力も未発達で今まさに育んでいる最中で、経験も私たち大人に比べたら圧倒的に少ないです。そのため、私たち大人のように最適解を1回で導き出すことは難しいのです。ましてや自己コントロール力も未発達のため、自分の「こうしたい」という欲求をコントロールしてまで常に最適な選択肢を選ぶことはとてもハードルが高いことなのです。実際に選んでみたけれど、その選択が間違っていた、これにしなければよかったという経験もまた必要なことなのです。

だからこそ、そのような失敗の経験も含め、「自分で選ぶ」経験を積み重ねられるよう、大人の「こうあるべき」「〜すべき」という「べき思考」を引き算し、子どもの選択する自由を保障することが必要です。

このように2つのポイントを意識することで、大人は子どもの意見を尊重できるようになり、「べき思考」から解放されることで実は楽になれるのです。さらに、子どもは自分で選ぶことが叶い、自己選択力の育みに繋がります。危険がなく、誰かに大きな迷惑をかけていない以上は、まずは子どもの意志を受け入れてみるのがおすすめです。

ただ、もちろん危険でも迷惑もかけていないけど、これをいいよと受け入れていいいのか迷うということもありますよね。そのような事例については、第4章のQ&A「子どもの自己選択を絶対受け入れるべき？」でお話ししていますので、ぜひ参考になさってみてください。

\ POINT /

こんなかかわりをしよう

◆目の前の子どもが求めていることを優先する
◆子どもの選ぶものをジャッジしない

引き算すると AFTER

01

何度声かけをしても朝の支度が進まないとき

BEFORE

「もう来年は入園するんだから自分でやらないと」

べき思考

AFTER

「お着替えしようね！先に着替える？　ご飯食べる？」

自己選択

入園や入学、進級などを控えていたり、「もう○歳なんだから」という年齢を意識したりして、お子さんに「もっと~するべき」と感じることはありませんか？　このようなときは、「べき思考」を引き算して、今やるべき行動をお子さんがよりスムーズにできるよう、肯定的に促したり、選択肢を出したりしてサポートしていくのがおすすめです。次のような「MORE」のかかわりも参考にしてみてください。

MORE

こんなかかわりもできる

「手伝おうか？　それとも自分でできる？」

自己選択

「もうお家を出る時間だよ！　次は何をするのかな？」

肯定的な促し

02

年齢に合わないような絵本を選んだとき

BEFORE

「それはまだ難しいからこっちにしなさい」

べき思考

AFTER

「選んだんだね。この絵本も借りていこうね」

自己選択

「自分で選びたい」気持ちが高まってきたら、その気持ちを受け入れていきましょう。2歳頃になると、たとえ読めない絵本だとしても「これ！」などと選ぶ姿が見られることがあります。そのようなときに「まだ読めないからだめ」と頭ごなしに否定してしまうのではなく、それはそれとして選んで、本当に読み聞かせに適している絵本も大人が選ぶなどしてバランスをとるのがおすすめです。

＼MORE／
こんなかかわりもできる

選択肢を出す
「〇〇ちゃんが好きそうな絵本があるよ。これとこれどっちが読みたい？」

選べるようにする
（数字がわかるようになったら）
「今日は5冊好きな絵本を選んでいいよ」

03 自分の子どもだけ周りと違うことをし始めたとき

BEFORE

「ほら！見て！みんなちゃんとやってるよ！」

べき思考

AFTER

「〇〇ちゃんも、あれやってみる？」

きっかけをつくる

「みんなと一緒のことをするべき」という考え方があると、わが子だけ輪から外れないように、なんとかしなくちゃ！と思うことがあるかもしれません。このようなときも、子どもの選択を大切にしたり、きっかけをつくったりするのがおすすめです。また、そもそも何を楽しんでいるのか、もしくは何を嫌がっているのかを観察することも大切ですね。

MORE
こんなかかわりもできる

きっかけをつくる
「こういう楽しいことがあるみたい！お母さんもやってみるよ！」

観察する
（〇〇ちゃんは今、これではなく何がしたいのかな？）

04

どんな習い事をしようか迷っているとき

BEFORE

「女の子だからピアノをやったほうがいいね」

大人の決定

AFTER

「○○くんは何がしたい？」
（子どもがやりたい習い事を優先する）

提案して自己選択

私たち大人の価値観や「こうあるべき」が子どもの望むこととずれている場合があります。そのような場合、私たちの希望を子どもに押しつけてしまうことになり、「やらせている」という状況になってしまうこともあります。このようなときは、大人の「べき」は手放して、子どもの〝今の〟興味や関心をよく観察して、その希望を叶える助けをしたいですね。この視点で今の習い事や予定を見つめ直すと、何を手放したらいいかがきっと見えてくるはずです。

＼MORE／
こんなかかわりもできる

「最近音楽が好きそうだから、ピアノやってみる？」

提案して自己選択

「ピアノか歌を歌うの、どちらがやりたい？」

選択肢を出す

その

✦✦ 5 ✦✦

「競争&比較」の引き算

こんな人に
おすすめです

- 子どもの行動を促すために「誰が一番早くできるかな?」と競争させてしまうことがある
- 他の子とわが子を比較して「うちの子はこんなにできない」と落ち込むことがある
- SNSなどでわが子と同年齢の子どもの姿を見て、急にモヤモヤすることがある

引き算する前　BEFORE

◆大切なことは「自分」を創ること

マンガでは、同じ歳の姪っ子とわが子とを比較してモヤモヤする姿や、子どもたちが走る姿を見て、その結果を心配する姿が見られましたね。

子どもを比較したいと思っているわけではないけど、つい比較してしまう。SNSなどで同じ歳くらいのお子さんを見てなぜか焦る気持ちが生まれてきて、「なんだかわが子の姿がもの足りない……」と感じてしまう、なんていうことはありませんか？

もしくは、保育園や幼稚園、学校などで子ども同士を気づかぬうちに競争させることや、家庭でも兄弟間で競争をさせることはないでしょうか？

「競争&比較」とは、子どもを他の子と競わせたり、比べたりすることで評価しようとする考え方です。たとえば、子どもの行動を促すために「誰が一番早くできるかな？」と競争させたり、他の子を見て「わが子はこんなにできない」と比較したりすることを指します。

「競争&比較」をすることには、いくつか心配な点があります。

・競争に勝つことが目的となり、行動の本質が理解できない。
・子どもの「自分」を創る過程が阻害される
・比較されることで自信を失う
・子どもの内発的動機づけが損なわれる

繰り返しお伝えしているとおり、子どもは今「自分＝自己」を創っている最中です。長い長い人生の初期に、人間としての土台を創っている大切なときです。

そのようなときには、誰かと比較されたり、本人が望まない競争を求められたりすることにはとても慎重になりたいものです。

そのために、私たち大人が**「競争&比較」を引き算**する。そうすることで、「決めつけの引き算」でも出てきたように、子どもを先入観のない目で観察することができ、子どものニーズを見極められるようになります。それだけではなく、「その子」を個人として尊重することも叶うのです。「その子」の「ペース」・「らしさ」を大切にすることができます。

そうすることで、子どもはその大人に見守られる中で「自分＝自己」を成長させていくことが叶い、自己肯定感を育むことにつながります。

実は日本は「国連子どもの権利委員会」から、ある勧告を受けています。それがどのような勧告かというと、

「過度に競争主義的な環境を見直すように」

というものです。つまり、日本の子どもを取り巻く環境から「過度な競争」を取り除いてねという注意です。20年ほど前から競争的な社会・競争的な教育制度が子ども時代を喪失させていると〝何度も〟指摘されているのです。

子どもはまだまだ未熟で今まさに「自分」という自己を創っている最中です。

この**自分を創るという個人の発達は、競争することでは成り立ちません。**その子そ

の子のペースがあり、らしさがある。それを保障してもらいながら、それぞれに歩む必要があるのです。

しかし、周囲の環境に競争が存在すると、どうしても私たち大人の心理として心の中で**「比較」が生まれてしまう**ものです。比較したくて比較しているのではなく、私たち大人も**知らず知らずのうちにその「競争」の中に入っている**ということすらあるのです。

だからこそ、**意識的に「競争&比較」を引き算**する。それがとても大切です。

そのために、意識したいポイントが2つあります。

❶ 内発的動機づけで取り組んでいるか見極める

「それでも人生には競争も必要なときがあるし、そんなに〝個〟を重視していて大丈夫なのかな?」と感じる方もいらっしゃるかもしれません。「自分は、競争することで自信がついたし、頑張る力が身についた」と幼少期を振り返って感じる方もいらっしゃるでしょう。

実は、競争がただただ「悪」なのではなく、競争が効果的に機能することもあります。そのためには、条件があります。

それは、**本人が望んで、内発的動機づけで競争に取り組んでいるということ**です。

年齢が低いほど子ども自身が望んで競争しているのではなく、周囲の大人によって気づいたら競争させられていたということが起きやすくなってしまいます。

さらに、競争が子どもたちの自発的な探求や学習への関心を低下させる可能性があることを示す研究結果もあります。競争が内発的動機づけに悪影響を及ぼす可能性があることがわかっているのです。

そのため、あらゆる行動を子どもが内発的動機づけでやっているかということを見極めていきましょう。

❷「あなたはあなたでいい」と無条件に承認する

2つ目は、子どもの「個」をありのまま受け入れるということです。

自立・自律のために必要なことは、勝つことでも他者より優れることでもありません。**「なぜこの行動が必要なのか」を理解して行動する力こそ自立に直結します。**

さらに、まだ人間としての精神的な部分を土台から築き上げている人生の初期に、**「あなたはあなたでいい」と無条件に承認してもらう経験が欠かせません。**

何も知らない、わからない状態から、たくさんの経験を通して、この世界を信じ、他者を信じ、自分を信じること。これを人生の初期に成し遂げることが子どもにとっては最大の課題なのです。


そのときに必要なのは、自分と向き合うことです。自分の身体を使って、経験して、いろいろな感情を味わって、助けてもらいながら日々自立へと向かっていく。このことに子どもは全力なのです。それは他者との競争や比較では決して叶いません。だからこそ、私たち大人は意識的に「競争&比較」を引き算する必要があるのです。

このように、大人が「競争&比較」を引き算することで、より「その子=個」を尊重することができるようになります。そうすることで、子どもの姿を短期的な「点」で捉えるのではなく、中長期の視点で見られるようになるのです。すると、競争&比較から来る余計なイライラ、モヤモヤを手放すことができます。そして、子どもは自分に向き合いながら、自己を成長させていくことが叶い、受け入れられている経験から自己肯定感の育みにもつながっていきます。

具体的にはどうすればいいの？　と感じた方は、ぜひ次のページからの具体例を参考になさってくださいね。

\ POINT /

こんなかかわりをしよう

◆内発的動機づけで取り組んでいるか見極める

◆「あなたはあなたでいい」と無条件に承認する

引き算すると　AFTER

01

早く行動してほしいとき

BEFORE

「どっちが早くできるかな？」
「どっちが上手にできるかな？」

競争

AFTER

「〜してくれると助かるんだけど、やってくれる子いるかな？」

内発的動機づけ

忙しい日々の中、子どもに動いてほしい一心で競争を煽りたくなることもありますよね。これは「とても悪いこと」というほどではないのですが、ベストとは言い難いかかわりです。競争することを、かかわるすべての子どもが楽しんで望んでいれば話は別です。しかし、家庭では多くの場合競争することで、兄弟喧嘩が起きたり、お互いに足を引っ張り合ったり、ケチをつけ合ったりすることが発生するので気をつけたいですね。

＼MORE／
こんなかかわりもできる

「もう時間がないから、○○しようね」
お願いする声かけ

「お父さん、これ手伝うから○○くんはこれをしてください」
お願いする声かけ

02

保育参観で他の子と比べてしまうとき

BEFORE

「みんなは先生のお話を聞いていたよ。○○くんだけできていなかったね」

比較

AFTER

「楽しんでやっていたね」

個の尊重

集団の中にいるわが子を見る機会があると、自然と比較してしまうことはありませんか？　これはごく自然なことです。しかし、その中で湧いた感情をそのまま子どもにぶつけることは避けたいですね。無意識に比較をしてしまわないように気をつけ、〝その子〟の興味や「ペース」・「らしさ」を大切にしていきたいですね。

＼ MORE ／
こんなかかわりもできる

（どんなところを楽しんでいるのかな？）
観察する

（○○くんの得意なことは何かな？）
観察する

03
SNSで近い年齢の子の投稿を見てモヤモヤするとき

BEFORE

（この子はもうこんなことできるんだ。うちもやらせなくちゃ）

比較

AFTER

（今○○ちゃんが一番興味をもっていることは何かな？）

観察する

SNSの投稿などで、たまたまわが子と同い歳くらいの子の様子を見て、「え！もうこんなことができるの？」などと焦りを感じたことはないでしょうか。そのようなときも、あくまでも目の前にいる〝この子〟の「ペース」や「らしさ」を尊重するかかわりを大切にして、無条件で子どもを承認していきたいですね。そうすることでモヤモヤから解放され、今しかないこの時間を存分に味わうことにつながります。

＼MORE／

こんなかかわりもできる

「〇〇ちゃんは最近～ができるようになったね」

観察する

「今こういうのを楽しんでいるから、今度～に行ってみる？」

内発的動機づけ

04

子どもが「一番」にこだわっているとき

BEFORE

「もう、そんな一番にこだわらないの!」

叱る

AFTER

「何番でも大丈夫だよ。~できてよかったね」

認める声かけ

子ども自身が一番にこだわるというケースもあります。すべてがそうではないですが、大人の無意識な競争の促しが子どもに「一番＝良い」という印象を与えることもあります。子どもの行動を促すときや何かを作るときなどにも不用意に競争をさせないよう意識したいですね。次の「MORE」も参考にしてみてください。

＼MORE／
こんなかかわりもできる

「○○くんは、何をしているときが楽しい？」
その子に目を向ける

「（早くすることにこだわっている場合）こうやって丁寧にやるのよ」
モデルになる

その
6

「不一致な言動」の引き算

こんな人に
おすすめです

- ✓「片づけようね」と言いながら、実は自分も整理整頓ができていないときがある
- ✓「お友達に優しくしようね」と言いながら、子どもにイライラした態度をとってしまうことがある
- ✓子どもと一緒に決めたルールを、忙しさや面倒くささからやぶってしまうことがある

引き算する前　BEFORE

◆吸収するためのモデルが必要

マンガの例では、大人が「元気に挨拶すること」を子どもには求めつつ、実は自分はできていませんでした。しかし、子どもはその行動をしっかりと吸収していることがわかりましたね。なんだか思い当たる節があって、ちょっとドキッとしますね。

「不一致な言動」とは、大人の言っていること（言葉）とやっていること（行動）が一致していない状態のことです。たとえば、子どもに「片づけようね」と言いながら、自分の部屋は整理整頓ができていないような状況を指します。

「不一致な言動」をすることには、いくつか心配な点があります。

・子どもに混乱や不信感を与える
・子どもが正しい行動を学ぶ機会を失う
・子どもが真似て学ぶチャンスを妨げる

子どもは今まさにいろいろなことを知り、理解して、できるようになろうとしているときです。そんな育ちを助けるためには、「不一致な言動」を引き算することがおすすめです。そうすることで子どもはより自立に向かっていくことができます。そのために、意識したいポイントが3つあります。

❶大人は子どもの「モデル」となる

子ども、特に乳幼児期の0〜6歳の子どもは何でも吸収することのできる「吸収する力」をもっています。「こんなことも吸収しているの？」と大人がドキッとするくらい、いろいろなことを吸収することができます。私たち大人が意識しなくても、子どもは周りを観察し、人間としての立ち振舞いや言葉を吸収し、真似てどんどん自分のものにしていくのです。

実際に日々お子さんと過ごす中で「いつの間に覚えたの？」「どこで覚えてきたの？」と驚くことはありませんか？　子どもが手の代わりにお尻や脚を使ってバタンと扉を閉めるようになったり、突然「ヤバい！」「ウケる！」などと言うようになったり。

子どもがそのような姿を見せると初めて「見られていたのね！」と気づきますよね。

このように、何でも吸収しながら「自己＝自分」を創っているからこそ、私たち**大人は子どもの「モデル」となることが大切**です。

観て↓真似て↓自分のものにしていく

このプロセスが叶い、自立に向かうことができるようにするには、**観察するべき対象の「モデル」が必要**なのです。

そのために、**「不一致な言動」を引き算する**ことがおすすめです。私たち大人が「不一致な言動」を引き算することで、子どもにとって一貫したモデルになることができます。さらに子どもはより理解することにつながるため、**観て↓真似て↓自分のものにしていく↓「できた」が増える**ということが叶い、より自立に向かうことができます。

❷「言葉」と「行動」を一致させる

マンガで出てきた例もそうですが、「元気に挨拶しようね」と言っているけど、大人は挨拶できていなかったり、「片づけて」と言っているけど、大人は読んだ本を出しっぱなしにしていたり。他には、「人のおもちゃは奪ったらダメ」と言っているけど、子どもが持っている物を「返しなさい」と奪ってしまうことがあったりなど。私たちは完璧なロボットではないため、多かれ少なかれこのような不一致な言動は誰にでもあるのではないかと思います。

もちろん、言動が一致していることを目指していきたいですが、もしできないときがあっても大丈夫です。大切なことは「あ、一致していないな」と気づくことです。そして、「片づけてねって言ったのに、お母さんの机は整理整頓できていなかったね！お母さんも片づけるね」と伝えられれば、それで大丈夫です。

私たち大人は子どもを観察しますが、実は私たち大人も子どもに観察されているのです！　ドキッとしますね。だからこそ、私たちは子どもに観察されていることに意識的になることが大切です。

❸ 伝えたいことは行動でも示す

さらに、0〜6歳の乳幼児期は言葉で伝えたことより、「行動」でやってみせたことの方が自分の中に吸収しやすい特性があります。

それがなぜかというと、0〜6歳の子どもは、実際に物を見たり、触れたりすることで思考する「具体的思考」をしている時期だからです。一方私たち大人は、実際に物を見たり触ったりしなくても、抽象的に物事を考えることができる「抽象的思考」をしています。このように、子どもと大人では思考の仕方が全く別物なのです。

そのため、「具体的思考」をしている子どもは、抽象的な言葉よりももっと具体的な「行動」の方が吸収しやすいのです。だからこそ、モデルとなる大人の「言葉」と

「行動」が一致していると子どもはより「どうするといいのか」ということがわかり、できるようになっていくのです。
言葉と行動を一致させて子どもに伝えていくことが、子どもにとって信頼できるモデルとなるための鍵なのです。

小学生になると9〜10歳頃から本格的に、「具体的思考」から「抽象的思考」に移行していきます。しかし、この「不一致な言動」の引き算は、子どもが抽象的概念を獲得したら意識しなくてもいいわけではありません。たとえば私たち大人でも、言っていること（言葉）とやっていること（行動）が一致しないパートナーや上司がいたらどうでしょう？　信頼できるかと言ったら信頼できないですよね。
大人と子どもの信頼関係も日々のコミュニケーションの中で築いていくものです。そのため、たとえ今後児童期になって抽象概念を獲得できたとしても、言動を一貫させることはずっと意識していきたいですね。

このように「不一致な言動」を引き算することで一貫したモデルになることができ

ます。最初は意識して気をつけることが必要ですが、まずは〝子どもの目の前では〟を心がけてください。すると子どもはより理解することができ、**観て↓真似て↓自分のものにしていく↓「できた」が増えるということにつながるのです**。

ただ実はこれ、言うは易く行うは難し。とてもシンプルなのですが、日頃の私たちの思考方法に逆らわないといけないのがクセものなのです。でも私たち大人も子どもと一緒に成長するチャンスです。そのため、ぜひ次ページからの具体例を参考になさってくださいね。

＼ POINT ／
こんなかかわりをしよう

◆ 大人は子どもの「モデル」となる
◆ 「言葉」と「行動」を一致させる
◆ 伝えたいことは行動でも示す

引き算すると　AFTER

01

優しい人になってほしいと願う

BEFORE

「優しくしなさい」と言いながら困っている人を助けない

不一致な言動

AFTER

「大丈夫ですか？」誰かが困っているときに助ける

モデルになる

人に対してどのようにかかわるのかなどの道徳的な部分は、子どもに身につけてほしいからこそ、何度も言葉で伝えたくなりますよね。それは願いがあるからこそです。もちろん、一切言葉で伝えてはいけないということではありません。しかし、行動で示すことこそが重要なため、まずは私たち大人がモデルとなって行動で示していきましょう。

＼MORE／
こんなかかわりもできる

「どうぞ、座ってください」電車で席を譲る

大人が実際に行動する

（子どもができている時に）
「今の優しくしていて素敵だったよ」

認める声かけ

02

自分で片づけられるようになってほしい

BEFORE

「片づけなさい」と言いながら大人の机はぐちゃぐちゃ

不一致な言動

AFTER

「お母さんも片づけるね」大人も自分の机や部屋を片付ける

モデルになる

こちらもまさに行動が大切な事例です。言葉では大人が要求しているけれど、実際には行動が伴っていない場合、子どもには信頼してもらえません。このようなときもやはり大人も片づいている状態をキープしたり、一緒に片づけたりして行動で示していくのがおすすめです。書いていて私もドキッとします。一緒に意識しましょう！

＼MORE／
こんなかかわりもできる

「このおもちゃはこうやって片づけようね」
（やって見せる）
モデルになる

「○○ちゃんの机、今きれいだね」
認める声かけ

03

新しいことにチャレンジしてほしい

BEFORE

「チャレンジしなさい」と言いながら大人は挑戦しない

不一致な言動

AFTER

「お父さんも英語の勉強をはじめてみる！」

モデルになる

子どもにはチャレンジ精神をもっていろいろなことに挑戦してほしいと願いますよね。このような場合も、大人が何かに挑戦している姿を見せるのが最も説得力があります。子どもに見せるため、子どもにもやってもらうためにだけ私たちが挑戦するわけではないですが、そのような大人の姿から挑戦する楽しさを感じたり、「自分もやってみたい」という気持ちが湧いたりします。

＼MORE／

こんなかかわりもできる

「ここが苦手なんだ」と大人が練習をする

モデルになる

「○○くん、これ楽しいよ。一緒にやる？」と誘う

きっかけをつくる

04

身体を使って遊んでほしい

BEFORE

「もっと外で身体を使って遊びなさい」と言いながら大人はゴロゴロ

不一致な言動

AFTER

「一緒にボールで遊ばない？」と、大人も一緒に身体を動かす

モデルになる

これまで見てきた事例と同じですが、子どもに何か要求したくなったときには、「自分はできているか」とまずは自分に問いたいですね。さらに子どもが楽しさを感じて内発的動機づけで行動できるようにするためにも、大人が楽しそうにしているところを見せて、きっかけをつくっていきましょう。

＼MORE／
こんなかかわりもできる

「お母さんヨガ始めてみようと思うんだ」
モデルになる

（公園で走る）「走ると気持ちいいよ！（と楽しさを伝える）」
モデルになる

その

7

「賞罰」の引き算

こんな人に
おすすめです

- 子どもがしてほしくないことをしていると、強い口調で叱ってしまうことがある
- 「鬼が来るよ」「お菓子抜きね」などと脅したり、罰を与えたりすることがある
- 「すごい！」「天才！」「才能あるね！」と子どもを褒めちぎってしまうことがある

引き算する前　BEFORE

叱ることの代償

マンガでは、すべり台を反対から登る子どもに対して叱り、さらには「おやつ抜きね！」と罰を与えていました。また、別のシーンでは、子どもが描いた絵を見て、「才能あるよ！」と褒めちぎっていましたね。

「賞罰」とは、子どもの行動を褒美や罰で制御しようとする方法です。たとえば、「すごい！」「天才！」と過度に褒めたり、「鬼が来るよ」「お菓子抜きね」などと脅したり、罰を与えたりすることを指します。

みなさんは、叱られた経験や褒められた経験はありますか？　親や先生、職場の人などに。私にも叱られた思い出も褒められた思い出もあります。

自分も経験してきたからこそ、当たり前に「叱ること、褒めることは必要だ」と感じやすいのですが、**実は子どもの育ちには「賞罰」は必要ないとモンテッソーリ教育では考えています。**つまりは、叱ったり、罰を与えたり、褒めちぎったりはしなくていいということです。

「賞罰」をすることには、いくつか心配な点があります。

- 自分で理由や善悪を考える力が損なわれる
- 子どもの内発的動機づけを阻害する
- 褒美や罰に依存する可能性がある

これまでの内容でも触れてきましたが、子どもの育ちのゴールは自立・自律です。そのために必要なことは、子どもが**行動の本質を理解して、自分で考えて行動できるようになること**です。これが、自立・自律に直結します。そのため、大人の言動に依存させるのではなく、**いかに行動の本質を理解して、自分で理由や善悪を考えられるかが重要**になってくるのです。

そのように子どもが自立・自律に向けて、行動の本質を理解して、自分で考えて行動する力を育むために必要なこと、それは**「賞罰」の引き算**です。

そのために、意識したいポイントが2つあります。

❶罰ではなく「理由」を伝える

叱ったり、褒めちぎったりする「賞罰」の裏には、**「こうあってほしい」「こういう行動をしてほしい」などの相手を変えたい、コントロールしたいという気持ち**が無意識のうちに湧いていることがあります。

そのためにまず、「賞罰」の「罰」を引き算することで、「伝える」かかわりを実現していきます。

叱ったり、罰を与えたり、脅したりするかかわりを引き算することで「伝える」かかわりができるようになります。子どもは「叱られた」という印象だけが残るのではなく、何がいけないのか、どうしたらいいのかという行動の本質を繰り返し学び、自分で考える力が育まれ、「自律」に向かうことができます。

また、このようなかかわりが、これまでもお伝えしてきた「内発的動機づけ」「外発的動機づけ」にも影響します。叱られるからやる／やらないという行動は、「外発的動機づけ」です。そうではなく、やはり子どもの内側から湧き出る意欲などから取り組む内発的動機づけをサポートするためにも立ち振舞を意識したいですよね。

とはいえ、本当にいけないことは叱ってでもわからせたほうがいいのでは？と感じる方もいらっしゃるかもしれません。それについては第4章のQ&A「本当にいけないことでも叱らないでOK？」でお話ししていますのでぜひあわせてお読みください。

いつも怒ったり、叱ったり、罰を与えたりして子どもをしつけるのではなく、**いけないことはいけないこと、できないことはできないこととして理由とともに「伝える」**ことがおすすめです。

❷褒めずに「認める」

さらに、賞罰の「賞」として、ご褒美をあげることや褒めちぎることについてもお話ししたいと思います。**「賞罰」の「賞」を引き算することで「認める」かかわりができるようになります。**「褒めて伸ばす」などという言葉もあるように、一見褒めることは良いことのように思えるのですが、少し注意が必要です。

一切褒めたらいけないということではありません。しかし、やはり褒めちぎったり、おだてたりすることの裏にはコントロールしたい気持ちが隠れていることがあります。「天才！」「すごい！」「才能あるね！」などと言うことで、より子どもの気持ちを盛り上げて、やれるようにしたいという気持ちが意識もしない心の奥底にある場合があるのです。

ここで大切にしたいことは、**褒められることやご褒美をもらうことが一番の目的になるのは避けたい**ということです。子どもは褒められるためやご褒美をもらうためにやるのではなく、本来自分を自立・自律の方向へと発達させることに全力なのです。それに、生涯、何かをやったら必ずご褒美がもらえるわけではありません。

そのため、なぜ自分がこの行動をするのか、しないといけないのか、そもそもしたいのかなど、ご褒美の有無ではなく、**自分を基準に行動を選択していく力こそが自立・自律**のためには必要です。

だからこそ、褒めることやご褒美で子どもの行動をコントロールするのではなく、あくまでも子どもの気持ちや行動、プロセスや努力などをシンプルに「認める」。そうすることで、**子どもが自分で考えて行動する「自律」を助けることにつながります。**

このような「伝える」、「認める」かかわりは根気のいることですよね。すぐに何かの結果として目に見えなくても、チリも積もれば山となるように、日々の積み重ねがお子さんとの信頼関係につながっていきます。

また、この賞罰が必要ないという話は「なんでも子どもの言いなりになりましょう」ということではなく、必ず大人が善悪の線引きをすることも重要です。それについては第4章のQ&Aで触れていきます。

このように大人が「賞罰」を引き算することで、「伝える」「認める」というかかわりができるようになります。さらに子どもは、行動の本質を理解することができ、自分で考えて行動する力を育むことにつながります。

次のページから具体的なかかわりをご紹介しますが、叱り方や褒め方と一般的に言われる「声かけ」についてもっと知りたい方は、著書『モンテッソーリ流 声かけ変換ワークブック』（宝島社）もぜひ参考にしてください。1日のシチュエーションごとによくある声かけの変換例をたくさんご紹介しています。「叱る、褒める」をどう変換していくと良いかの「声かけの引き出し」を増やしていただけると思います。

\ POINT /
こんなかかわりをしよう

- 罰ではなく「理由」を伝える
- 褒めずに「認める」

引き算すると　AFTER

01

何度言ってもいけないことをする

BEFORE

「そんなことしたらダメでしょ！」

叱責

AFTER

「これは危ないからできないよ」

伝える

いけないこと、できないことを子どもに伝えていくことは絶対に必要です。そのため、できないことはできないとはっきり伝えることが大切なのですが、伝え方がポイントです。感情のままや苛立ちながら怒ったり、叱ったりするのではなく、「伝える」をぜひ意識してみてください。ただわかっていてもできないから悩むんですよね。そのようなときは、子どもから離れても大丈夫であれば、少し物理的に離れたり、深呼吸をしたりしてみてください。

\ MORE /
こんなかかわりもできる

伝える
「ここはできないけど、こっちなら大丈夫だよ」

伝える
「次やるときはこうやってしてね」

02 作ったものを「見て！」と見せてくれたとき

BEFORE

「天才的！　絶対才能あるよ」

褒めちぎる

AFTER

「いろいろな色を使って描いたんだね」

認める

こちらは「褒め方」の事例です。褒めるときには、才能や結果、人格ではなく、「行動、プロセス、努力」などを「認める」かかわりがおすすめです。最初はなんだか物足りないと感じるかもしれませんが、実は子どもにとってはそれで十分なのです。子どもがやったこと（色を塗った、一人でできたなど）をそのまま言葉にするのがおすすめです。ぜひ意識してみてください。

＼MORE／
こんなかかわりもできる

「こんな風に描けるようになったんだね！とても素敵」

認める

「○○ちゃんが一番好きなところはどこ？」

自己評価

03

いつまでも遊びを切り上げない

BEFORE

「片づけないならおもちゃ捨てちゃうよ」

賞罰

AFTER

「片づけないと壊れたり、なくなったりするから棚にしまおうね」

伝える

賞罰の中には、脅すことで子どもの行動を促そうとするかかわりもあります。しかし、脅しは百害あって一利なしです。一見即効性があるように見えますが、その場しのぎになるため、また同じことがすぐ起きてしまいます。その行動の理由と一緒に、何をどうすると良いのかを伝える声かけがおすすめです。その上で次の「MORE」も参考にしてください。

＼ MORE ／
こんなかかわりもできる

「もう1回遊んだら、一緒に片づけを始めようか？」
伝える

「おもちゃを片づけた後、○○しよう（次の楽しみを示す）」
伝える

04

発表会での頑張りを褒めたいとき

BEFORE

「一番上手だったよ！ 天才！」

褒めちぎる＆競争

AFTER

「緊張したけど、よく頑張ったね」

認める

子どもを認めるときに、「一番」「〇〇ちゃんより」など誰かと比較して褒めることがあるかもしれません。このような場合も、人と比較するのではなく、あくまでも目の前のお子さんにフォーカスして、その子の行動や努力、プロセスを認める声かけをしましょう。他にも次の「MORE」を参考にしてみてください。お子さんが会話できる年齢になったら、お子さんに聞いてみるのもいいですね。

＼MORE／
こんなかかわりもできる

自己評価
「今日の発表で一番楽しかったことは何？」

認める
「〜のセリフのところ素敵だったよ」

さていかがでしたでしょうか？　この第3章では具体的に「子育ての7の引き算」を見てきました。

その1「決めつけ」の引き算
その2「手出し口出し」の引き算
その3「期待の押しつけ」の引き算
その4「べき思考」の引き算
その5「競争&比較」の引き算
その6「不一致な言動」の引き算
その7「賞罰」の引き算

以上の7個でしたね。

引き算をすることでただ手放すだけではなく、大人と子どもにそれぞれのプラスの変化がありました。少しまとめて見てみたいと思います。

引き算の土台となる考え方

1. 子どもの「自ら育つ力」を信じる
2. 下に見るのではなく、対等に捉える
3. 子どもの視点で「今」を考える
4. 点での結果ではなく、長期目線を大切に

引き算することで起きること / プラスになること

引き算するもの	大人	子ども
1 決めつけ	客観的な観察	自尊感情、自己認識力の育み
2 手出し口出し	見守る	自己訂正力の育み
3 期待の押しつけ	自己決定の尊重	自己決定力、内発的動機づけの育み
4 べき思考	選択をジャッジしない	自己選択力の育み
5 競争&比較	内発的動機づけかの見極め	自己肯定感の育み
6 不一致な言動	一貫したモデル	「できた」の増加
7 賞罰	伝える&認める	自分で考えて行動する力の育み

第1章でも見てきましたが、子どもは「自立・自律」に向かって、自らを発達させています。その道のりは決して短いものではなく、24年かけて成し遂げるものです。さらに、**人間は未熟のうちに誕生するからこそ、大人の助けが絶対に必要である**ことも見てきました。

そのような子どもの育ちにおいて大切にしたい考え方を「引き算の土台」として第1章でお話ししました。

1　子どもの「自ら育つ力」を信じる
2　下に見るのではなく、対等に捉える
3　子どもの視点で「今」を考える
4　点での結果ではなく、長期目線を大切に

「子育ての7の引き算」をすることは、この4つの考えを実践することにもつながります。

子育ての引き算で「引く」ものは、どれも私たち大人が子どもを大切に思うからこそ抱く考え方や感情です。一度しかない子育てを失敗したくない、後悔したくない、自分にできることを最大限してあげたいという願いがその根底にあると思います。
子どもに幸せな人生を送ってほしい。その思いがあるからこそなのですよね。しかし、ここまで読んできて、わが子を大切に思うがゆえにこだわってきた考え方や感情の中には、実は子どもの育ちを考えると手放して引き算してもいいものだったのかもしれない……と感じたものがきっとあったのではないでしょうか？

さらに、これらの考え方を引き算することで、序章で見てきた「感情」「行動」「時間」「物」の4つの量も変化していきます。何よりも「感情」に一番大きな変化がでるのではないかと思います。不安やプレッシャーからくるイライラ・モヤモヤを手放すことで心にゆとりが生まれ、その結果、余計な言動やそれにかかわる時間、物が徐々に減っていきます。

これらの**引き算を行うことで、徐々に大人は楽に、楽しく子育てができるように**なっていくのです。

第3章

まとめ

- 引き算をすることで大人にも子どもにもプラスの効果がある
- 引き算を行うことで不安やプレッシャーが軽くなる
- できないときはムリしてやらなくても大丈夫

第

4

章

Q＆A 誤解しやすいことを解消しよう

疑問や誤解を解消し、適切な引き算の方法を深めます。引き算は決して手抜きではなく、子どもの成長に必要不可欠なものだということが理解できるでしょう。

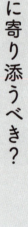

Q　何でも子どもに寄り添うべき？

A　「寄り添う」ことと「何でもOK」は違います

子育てをしていると、「子どもには何でも寄り添うべき？」「でも、甘やかしてはいけないし……」と悩むことがあるかもしれません。

子どもの成長のために良いかかわりをしたいという思いはきっとみなさん同じだと思います。実は、この悩みは「寄り添う」と「甘やかし」を区別することで解消できます。**「寄り添う」ことと「何でもOK」はまったく違うものなのです。**

子どもの育ちに必要なのは、「寄り添い」です。

「子どもに寄り添う」とは、子どもの気持ちを受け止め、共感し、支えることです。たとえば、子どもに悲しいことがあったときに、「そんなこと言ってないで」などとあしらうのではなく、「悲しかったね」「何が悲しかったの?」とその感情に共感し、寄り添います。そうすることで、子どもは「自分は大切にされている」と感じ、安心感を抱くことができます。このような共感を通して、子どもが他人や自分をとりまく環境への信頼感を育んでいくことにもつながります。

一方で、「甘やかし」とは、子どもの欲求や主張に無条件で応じることです。たとえば、「今すぐお菓子が食べたい!」と言われて、何でも許してしまうと、子どもは「自分の要求は常に通る」と誤解してしまうこともあります。ここで大切なのは、「寄り添う」ことと「甘やかす」ことの違いを理解することです。

「引き算」で見える真の寄り添い

「寄り添う」ことと「甘やかす」ことの違いを理解するには、これまでお話ししてきた「引き算」の考え方とつながります。「寄り添う」と「甘やかし」を区別するためには、大人の「決めつけ」を引き算することがおすすめです。

どのような決めつけかというと、「甘やかし」の場合は「どうせこれをダメと言ったらめんどくさいことになる（子どもが泣いて怒る）」という気持ちが先入観としてある場合が考えられます。または、「物でつれば子どもは簡単に動く」と考えてしまうことがありますが、それは実は大人の決めつけかもしれません。

たとえば、夕食の時間に子どもが「今から絵の具で遊びたい」と言ったとき、以下のような違いが生じます。

【甘やかす】

「（ご飯の時間なのに、どうしよう……でも、どうせダメって言ったらもっと大変だ）うーん、本当はご飯だけど、じゃあ今やる?」

【寄り添う】

「絵の具で遊びたいんだね! でも今はご飯の時間だから、食べ終わったらやろうか」

この例では、「寄り添う」方は、子どもの気持ちを受け入れつつ、大切なルールを守るための制限も示しています。一方、甘やかす方は、子どもの要求にそのまま応じてしまい、制限を設けていない状態です。

制限がもたらす安心感

実は、「寄り添う」ためには、「決めつけ」を引き算することにあわせて、適切な「制限」が必要です。

この**「制限」は、決して子どもの自由を奪うものではなく、むしろ安心感を与える**

ものです。たとえるなら、広い海で何の制限もなく泳ぐのは不安ですが、遊泳区域が決まっていれば安心して自由に泳ぐことができるように。**子どもも「ここまではOK」という範囲があると、安心してその中でのびのびと過ごすことができます。**

「決めつけ」を引き算して、まずは子どもの欲求を見てみる。その上で子どもの自立と自律を助けるためにどうかかわると良いかを考えることがおすすめです。

暮らしていくために必要な制限があることで、子どもは自己決定力や内発的動機づけを育みながら、徐々に自立・自律へ向かっていくことができます。

「寄り添い」と「甘やかし」の違いを理解するためには、大人の「決めつけ」を引き算すること、必要な制限をもつことがポイントでした。

この2つの違いが明確になることで迷いが少なくなり、行動（かかわり・声かけ）が減り、実は私たち大人も楽になれるのです。

Q 自立のためには甘やかしてはいけないのでは？

A 甘えを受け入れてもらった経験が自立につながります

先ほど「甘やかしは区別するのがおすすめです」とお話ししましたが、よく「できることも『ママやって～』と言うので、手伝っていいのか迷います」「これって甘やかしですか？」という質問をいただきます。

「何でもOK」と制限なく子どもの言いなりになる必要はありません。しかし、「助けてほしい」「力を貸してほしい」「甘えたい」という気持ちは、受け入れてOK、むしろ積極的に受け入れてあげたいものです。なぜなら、甘えること、甘えを受け入れてもらう経験が、自立には必要だからです。

人間は社会的な生き物であり、決して一人で生きていくことはできません。必要なときに頼ったり甘えたりすることもまた、自立において重要なスキルなのです。そのため、子どもが甘えたり頼ったりしてきたら、それを受け止めることが大切です。

「〇歳なんだからもう自分でやるべき」「他の子はもっと自立している」など、つい比較したり、年齢で決めつけたりしたくなることがあるかもしれませんが、「べき思考」や「競争&比較」を引き算して、子どもをありのまま受け入れましょう。

子どもが疲れているときに、いつもはできることができなくて、「やって」と求めることはありませんか？　たとえば、子どもが疲れたときに抱っこを求める、いつもは自分でできるのに「ママがやって！」と怒るなどです。私たち大人でも、いつもはできるけど今日は人に頼りたいというときがありますよね。

そのようなときに適切に受け入れてもらうことで、子どもは安心感を得て、次第に自分でできることも増えていきます。

子どもが安心して甘えられる環境があると、困ったときや不安なときに助けを求めることができるようになります。これは、子どもが自分の気持ちを理解し、限界を知るための大切なプロセスです。適切に甘えることで、**子どもは自分でできることと、誰かに助けてもらう必要があることの境界線を学びます。**

このように、甘えと自立は対立するものではなく、むしろ補完し合う関係です。甘えを受け入れることと子どもが自分でできるように促すことは、どちらも子どもの成長に欠かせない要素です。適切なタイミングで甘えを受け入れ、同時に自立をサポートすることで、子どもは安心して成長することができます。甘えを受け入れることは、子どもにとっての心理的な安全基地を提供し、結果として自立への第一歩となるのです。

Q

子どもの自己選択を絶対受け入れるべき？

A

まずは大人のセルフチェックが鍵！

第3章でも子どもが自分で選ぶこと、決めることの大切さをお話ししてきました。

しかし、毎日子どもと過ごしていると、別に今すぐ危険になるわけでも、迷惑でもないけれど、「う～ん、どうしよう。いいよって言っていいのかな」と迷うことはないでしょうか？

たとえばこのような場面で迷うことはありませんか？

- **服の選び方**：子どもが派手な色や柄の服を選んだとき（第3章の事例でもでてきましたね）。
- **遊び方**：子どもが遊び道具を散らかして遊びたがるとき。危険ではないけど、動きが活発すぎて危なっかしいとき。
- **食事の選び方**：子どもが自分で食べ物を選びたいと言ったとき。栄養バランスを考えると「ちょっとそれは……」と思うとき。
- **遊び場所の選び方**：子どもが公園で裸足になって遊びたいと言うとき。タオルや着替えがないので後先が心配なとき。
- **お風呂の時間**：今日は髪の毛洗いたくない！と子どもが言い張るとき。
- **友達との遊び方**：子どもが友達と遊ぶときに、ケンカにはなっていないけれど自分勝手に何でも決めたがるとき。
- **宿題の取り組み方**：子どもが学校や習い事などの宿題を「今日はやりたくない」

と言うとき。

子どもと日々過ごしているとこのようなことはたくさんありますよね。

確かに迷います。その時々で状況も違いますし、子どもの発達段階はもちろん、その日の子どものコンディションもさまざまです。

あらゆることを加味して判断することが求められるので、その都度悩んでしまいますよね。

このような場合は、**まずは自分の「決めつけ」や「べき思考」、「競争&比較」がないかセルフチェック**してみてください（危険や周囲への迷惑はないことが前提です）。

例）

- どうせこうなるから
- こうあるべき
- みんなやっていないのにこの子だけ

このような「決めつけ」や「べき思考」、「競争&比較」がないかセルフチェックをした上で、それでも時間的に難しかったり、空間的にここではできなかったりすることもあります。

そのようなときには以下のポイントを参考にしてみてください。

・「決めつけ」「べき思考」「競争や比較」などはないが、状況的にできない場合→できない理由を伝える

・「決めつけ」「べき思考」「競争や比較」などもないし、危険ではないけど、ルールとして設けたい場合→理由を伝えて、他の案を提案する

少し具体的に見ていきましょう。

例）**お風呂の時間**：今日は髪の毛洗いたくない！と子どもが言い張るとき。

もしかすると「毎日髪の毛は洗うべき」という思いが私たちの中にあるかもしれません。そのような思いがあるかをまずセルフチェックしましょう。もしある場合は、

「1日くらい洗わなくても大丈夫」とまず「べき思考」を引き算して、子どもの選択を受け入れてみるのがおすすめです。

他には、「べき思考」はないけれど、今日は炎天下の中、外で遊んですごく汗をかいているからシャワーで流すくらいはしてほしいと、思うこともあるかもしれません。そのようなときには、「理由を伝える」かかわりをしてみましょう。

「今日はすごく汗をかいているから、シャワーで流すだけでもしようね」

などという風に。

このように、ポイントを意識して、セルフチェックしながらぜひ対応してみてください。

忙しい日々で「毎日そんなに丁寧にかかわれない」と感じることもあるかもしれません。一人で対応していたり、時間が迫っていたりするとなおさらですよね。いつも100%のかかわりができなくても大丈夫です。自分をいたわり、頑張っている自分自身のエネルギーチャージもしながらやっていきましょう。

Q 一切子どもに何かを「やらせては」いけない？

A 子どもの年齢や発達段階に合わせて

「子どもには可能な限り自分で選ばせてあげたいけれど、本当にそれでいいのかしら？」こんな風に悩んだことはありませんか？

子どもは知らないことには興味をもつことすらできないため、「一切やらせてはいけない」わけではありません。ただ、ここで意識したいことは、「期待の押しつけ」

の引き算です。大人の「将来のために」「こうなってほしい」を叶えるためにするのではなく、あくまでも今の子どもの発達段階や興味関心に合った「きっかけづくり」がおすすめです。

興味をもつようなきっかけをつくって、種まきはするけれど、あくまでもやるか／やらないかの最終決定は子どもがするということを意識したいですね。

そうすることで、「大人がやらせる」という大人の期待の押しつけからは抜け出せます。

きっかけをつくること自体は、お子さんが興味をもつ対象や世界が広がることになるので、ぜひ取り入れてみてください。

たとえば

・図鑑や絵本を読む
・イベントや体験会で実際に体験してみる

・人から話を聞く

などのように、きっかけを作りながら、お子さんの反応や感じていることをぜひ「観察」してみるのがおすすめです。

「一切子どもに何かを『やらせては』いけない？」という疑問は、「期待の押しつけ」を引き算することで解決できます。さらには今の子どもが興味をもっていることを大切にしながら、適切に種まきをして自立と自律を助けることにつながります。

Q

尊重しすぎてわがままになるのでは？

A

発達段階を理解して「べき思考」を引き算しましょう

「子どもを尊重することは大切だと思うけど、実際はわがままになるんじゃないかと少し不安」と心配になることはありませんか？　これまで講演などでお話しさせていただく中でもよくいただくお声です。「しつける必要がある」「言うことを聞ける子じゃないと将来本人が困るのでは」という思いもあるからこそ、抱く気持ちだと思い

ます。5つ目は、この「尊重」に対する疑問について考えてみましょう。

まず、子どもを尊重することは、愛情や安心感を伝えるためにとても大切です。子どもが安心感を持ち、自分自身や他人を信頼できるようになるために不可欠な要素だからです。

この信頼感が、子どもの健全な成長の基礎になります。また、「子どもの権利」という観点からも、子どもには自分の意見や感情を表現する権利があります。この権利を尊重することで、子どもは「自分は価値のある人なんだ」と感じ、自尊感情をもつことができます。

しかし、もうお気づきかもしれませんが、尊重といっても、「何でも許す」こととは違います。

ここで大切なのは、**大人の「べき思考」を引き算して尊重しながらも適切な「制限」を設けることです。**

「わがままになるのでは？」と思うかもしれませんが、そもそも子どもは自己中心的な時期を経て成長します。

自己コントロール力も今まさに発達中なため、自分の欲求や感情をコントロールして行動することはまだまだできません。**そのため、「尊重する」／「尊重しない」の前に、発達段階として「わがまま」な段階なのです。**

まずはそれを知っていてあげたいなと思います。

そして、その理解の上で大人の「べき思考」を引き算することがおすすめです。

たとえば、「もう4歳なんだから自分でできるべきだ」「もう5歳なんだからそんなわがままを許したらいけない（許すべきじゃない）」などの「べき思考」は引き算します。

大切なのは「尊重と制限のバランス」

とはいえ、子どもも一生「わがまま」でいることはできませんし、自分の欲求や感情をコントロールして、周りの人と円滑な人間関係を築くスキルを育む必要があります。

やはりここでもポイントとなるのが尊重しつつ、「制限」をもつことです。先ほど見てきた通り、何でも甘やかして言いなりになるのは違いますよね。しかし、逆に何でも大人の言う通りにする「いい子」を目指すのも違います。

尊重しつつも、必要なルールや制限を守り、行動できるようにサポートしていくことが大切です。

たとえば、子どもが「公園でまだ遊びたい」と言ったとき。

- **尊重する**：子どもの気持ちに寄り添い、「まだ遊びたいんだね」と気持ちを受け止める。
- **制限を設ける**：しかし、「もう帰る時間だから、あと5分だけね」と時間の制限を伝える。

次にご紹介するポイントも対応の参考にしてみてください。

- **感情や意見に耳を傾ける**：子どもには主張する権利があります。言っていることや思いに耳を傾け、まずは聴きましょう。
- **ルールを明確にする**：制限を設け、子どもに何度でも理由と一緒に伝えましょう。
- **一貫性を持つ**：大人の都合でコロコロ変えず、一貫性をもつことが重要です。
- **柔軟な対応もコツ**：一貫性を基本としながら状況によっては、ルールを少し緩めることも必要です。

「尊重しすぎてわがままになるのでは？」という疑問は、子どもの発達段階を理解した上で、大人の「べき思考」を引き算して、「尊重」と「制限」をバランスよく取り入れることで解決できます。

子どもの感情に寄り添いつつ、適切な制限を設けることで、子どもは自立と自律に向かうことができます。さらには、「尊重」と「制限」をバランス良く保つことで、子どもが安心して自分で考えて行動できるようになるため、巡り巡って私たち大人の出番が減り、「楽」になるということも起きるのです。

Q

自立には我慢も必要なのでは？

A

意志なき我慢では忍耐力は育まれない

6つ目は我慢についての疑問です。本書を通して「でも、少しは我慢することも大切なのでは？」と感じた方もいるかもしれません。

子どもが自立し、幸せに生きていくためには、自分の欲求をコントロールして我慢することもときに必要です。しかし、ただやりたくないことを我慢するだけでは残念ながら「忍耐力」は育ちません。「忍耐力」を辞書で引くと、「つらいことや苦しみをたえしのぶ力」とあります。しかし、この辛さを乗り越えるためには、**「成し遂げたい」という目標や「こうしたい」という本人の意志が支え**となります。

つまり、子どもが**「成し遂げたい」「やりたい」と思っている物事の中で自分のあらゆる欲求や感情をコントロールして、耐える経験が大切ということです。**

ただ、日々の生活の中で、子どもがやりたがっていないけれど、必要なこともありますよね。たとえば、歯磨きをすることや、人を傷つけてしまったら謝ることなど。これらは毎日の生活の中で避けられないものです。こうした行動の必要性は、繰り返し子どもに伝え、子どもが習得できるように根気よくサポートすることが大切です。

そのような生活に必要なスキルに関しては、子どもの発達段階やできることに合わせて次のようなことを参考にかかわってみてください。

・**理由を説明する：**「なぜ歯磨きが大切なのか」「なぜ片付けをする必要があるのか」をわかりやすく伝える

・**モデルとなる：**大人が実際にやってみせて、子どもに見せる

・**適切な手助け**：最初は手伝いながら、徐々に自分でできるように促す
・**タイミングの自己選択**：やるタイミングや方法は子どもが選べる余地をもたせる

一方で、子どもが望んでいないけれど、大人が「やったほうがいい」と考えることについては注意が必要です。たとえば、習い事や特定の課題など、大人が期待する「プラスアルファ」の活動に関しては、子どもの内発的動機づけを大切にしたいですね。

子どもが自ら興味を持ち、自分の意志で取り組むことで、本当に持続的な忍耐力が育まれます。「将来のためにこうやってほしい」「小さいうちから我慢すべきだ」など「期待の押し付け」や「べき思考」を引き算することで、より子どもの忍耐力を子どものペースで育むことにつながります。

子どもが将来使っていくことのできる「忍耐力」。子どもが「やりたい」と思える内発的動機づけで物事に取り組み、その物事に集中する中で「忍耐力」が育まれるよう、私たちは子どもを「観察」して、子どもの興味や関心を見極めていきたいですね。

Q 本当にいけないことでも叱らないでOK？

A 「真剣かつ端的に」伝えましょう

第3章の「賞罰」の引き算では、叱ることや過剰に褒めることは必要ないですよとお話ししました。

しかし、「本当に子どもがいけないことをしたときや危険なときには、子どもが理解できるまで強く叱る必要があるのでは？」という風に感じる方もいるのではないでしょうか？

このときに意識したいことがあります。

それが何かというと**「真剣かつ端的に」伝える**ということです。私たちが、必要以上に優しくしたり、必要以上に面白おかしくする必要はありません。「危険だったこと」「絶対に人としてやってはいけないこと」、そのようなときには私たちはどんなときよりも真剣にそして端的に「それはできない」「してはいけないこと」として伝える必要があります。

では、その「叱る」と「真剣に伝える」の境界線はどこなのか？というと、実ははっきりとしたものはありません。声の音量をこれぐらいにしたら「叱る」、これぐらいだったら「真剣に伝える」というようにはっきりしたものではなく、グラデーションになっているものです。ここで意識したいポイントは、子どもに伝えるべきことが伝わったかということ。

叱られて恐怖感を覚えてしまうと、子どもは言われた内容が心には残りません。

そうではなく、「これはすごく大事なことなんだ」というメッセージを伝えつつ、**本当に伝えるべき「これはしないことだよ。じゃあどうしてほしいのか」「どうするべきなのか」ということが子どもの印象に残るようにします。**

さらに、「あれがこうで、こうだったから」と長く説明しても言語能力も認知能力も未発達の子どもには伝わりません。そのため、「何がいけないのか、どうするべきなのか」を端的に伝えることもポイントの1つです。

このように、子どもがゆくゆくは自分で考えて行動できるように「伝わる」ことをポイントにかかわることがおすすめです。

いかがでしたか？　第4章では、よくいただく疑問や本書を読む中で感じやすい疑問について考えてきました。次の章では、ワーク「子育てロードマップ　わたしの引き算編」に取り組み、子育てで大切にしたいことを言語化していきましょう。

第4章

まとめ

◆大人の「決めつけ」を引き算することと適切な制限をもつことが、子どもの自立と自律につながる

◆大人の「期待の押しつけ」を引き算することで、今の子どもが興味をもっていることを大切にできる

◆大人の「べき思考」を引き算して、「尊重」と「制限」をバランスよく取り入れよう

第
5
章

子育て
ロードマップ
わたしの引き算編

ワークに取り組み、子育ての軸を
明確にすることで「あなたならではの引き算」を
導き出します。

わたしの「子育ての引き算」

第5章では、これらのこれまで見てきた内容を踏まえ、4つのステップで「子育てロードマップ　わたしの引き算編」のワークに取り組みます。

第2章で取り組んだ「子育てロードマップ　棚卸し編」のワークも思い出しながら取り組んでいきましょう。

さあ、それではワークを通して「わたしの引き算」を完成させていきます。（このワークシートはダウンロードすることができます。詳しくはP270をご覧ください）。

子育てロードマップ

ステップ0 ▶ 今感じていることを書き出そう

Q ここまで読んで、一番心に響いたことは何でしたか？

印象に残ったことや覚えておきたいなと思ったことを書き出してみましょう

子どもには「自ら育つ力」があるということ。

そのために大切な7つの引き算はどれも実践したい。

ステップ1 ▶ 「大切にしたい！」と思うことは何ですか？

Q あなたの子育てで大切にしたい！と感じたことを3つ書き出してみましょう。

子どもの育ちを助ける上で大切にしたいことは何でしょう？
本書ででてきたキーワードを表を参考にして、書き出してみましょう

・客観的に観察する

・やりたいを尊重する

・点での結果ではなく、長期目線を大切に

ステップ2 ▶ ありたい姿を考えよう

Q あなたは、どんな大人（親）でありたいですか？

たとえば、「子どもの成長を温かく見守る大人」「子どもの良き相談相手になる大人」「子どもと一緒に成長できる大人」など、具体的な言葉で表現してみましょう。

子どもの成長を温かく見守り、困った時には相談できる、
信頼される親でありたい

ステップ0 ▶ 今感じていることを書き出そう

Q　ここまで読んで、一番心に響いたことは何でしたか？

第4章までを読み終えた今、率直に感じていることを言葉にしてみましょう
印象に残ったことや覚えておきたいなと思ったことを書き出してみましょう

ステップ1 ▶「大切にしたい！」と思うことは何ですか？

Q　あなたの子育てで大切にしたい！と感じたことを3つ書き出してみましょう。

子どもの育ちを助ける上で大切にしたいことは何でしょう？
本書でででてきたキーワードやP207の表を参考にして、書き出してみましょう

ステップ2 ▶ ありたい姿を考えよう

Q　あなたは、どんな大人（親）でありたいですか？

子どもの育ちを助ける上でどんな大人（親）でありたいかを考えましょう
たとえば、「子どもの成長を温かく見守る大人」「子どもの良き相談相手になる大人」「子どもと一緒に成長できる大人」など、具体的な言葉で表現してみましょう。

ステップ3 ▶いざ引き算！手放すものを決めよう

Q 第2章のワーク（ステップ3：優先順位をつけよう）で書いたことを解消するために、何が手放せそうですか？
下の表に✔（チェックマーク）をつけましょう。

手放して引き算するものを決めましょう

【引き算するもの】

- □ 決めつけ（先入観、勝手な評価）
- □ 手出し口出し
- □ 期待の押付け
- □ べき思考
- □ 競争＆比較
- □ 不一致な言動
- □ 賞罰

「子育てのロードマップ　わたしの引き算編」はいかがでしたか？

本書を読む前に比べて、必要ないものを引き算してより身軽に、そしてより楽しい気持ちで歩めるようになっているでしょうか？「できそう」「気持ちが軽くなった」と感じていただけていたら嬉しいです。

さてここで、序章で登場した「引田さんファミリー」（お母さん、お父さん、なおくん・5歳、まいちゃん・2歳）に改めて登場していただきましょう。

引田さんはいろいろなものを手放して引き算することで本当に大切にしたいことをご夫婦で確認することができました。

・「決めつけ」を引き算して、ありのままの子どもの姿やできたことを認められるようになった

・「競争&比較」を引き算して、SNSで他の子どもを見て不安になったり焦ったりすることがなくなった

・「期待の押しつけ」を引き算して何かを買ったり、必要以上に習い事に通ったりしなくなった

引き算すると AFTER

・「べき思考」を引き算して、子どもたちのやりたいことや興味のあることを認めたり、一緒に楽しんだりできるようになった

結果的に、時間にも心にもゆとりが生まれて子どもの姿を見守れるようになりました。また、空間的にも物が減ってすっきりしましたね。何よりも心配したり、イライラしていたお母さんとお父さんの表情が、穏やかで笑顔が多くなりました。ご自身が子どもの立場だったらどうでしょう？　安心しますし、嬉しいですよね。そして、私たち大人も本当は穏やかで笑顔でいることを心から願っていると思います。ただでさえ忙しい時期だからこそ、上手に引き算をしてその願いを叶えましょう！

第6章

モンテッソーリ教育の視点から見る子育ての「引き算」

「子育ての引き算」とモンテッソーリ教育が深く結びつく理由と、そこからつながる子どもたちの未来についてお伝えします。

「引き算」により子どもも大人も育つ

ここまで、子育ての「ムリ・ムダ・ムラ」を手放し、本当に大切なものに集中する「子育ての引き算」についてお伝えしてきました。第2章と第5章では、ワークにも取り組みましたね。

最後の章では、「子育ての引き算」とモンテッソーリ教育の結びつきと、そこからつながる未来についてお話ししたいと思います。

本書の「はじめに」ではこのようにお話ししました。

それでもなぜモンテッソーリ教育なのか。

それには、理由が2つあります。

1つ目は、子どもが生きる力を獲得できる

2つ目は、大人自身も子育てをしながら大きく成長できる

モンテッソーリ教育の考え方は、ここまで見てきた「子育ての引き算」と深く関係しています。先ほどのモンテッソーリ教育をおすすめする2つの理由を「子育ての引き算」との関係性にも触れながら詳しく見ていきましょう。

❶子どもが生きる力を獲得できる

本書で繰り返し見てきた通り、モンテッソーリ教育では、子どもは「自ら育つ力」をもっていると考えています。また、人間の自然な発達をサポートするという点も大きな特徴です。モンテッソーリ教育は、創設者のマリア・モンテッソーリが「こういう教育方法を作りたい」と言って教育方法を考えたのではありません。たくさんの子どもを客観的に観察する中で、子どもの発達の法則や特性、もっている力などを発見し、その人間としてプログラムされた法則に沿って子どもが発達していくことができるよう配慮されている教育方法です。だからこそ、これまで見てきたように、大人がどうしたいかではなく、〝この子〟がどうしたいか、〝この子〟に〝今〟何が必要かを常に考えていきます。そうすることで、その子その子の「ペース」や「らしさ」を尊重することが叶うのです。そのように育ちを助けてもらうことで、子どもは第3章の引き算でも見てきたような、自尊感情、自己肯定感、自己認識力、自己訂正力、内発的動機づけ、自己選択力、自分で考えて行動する力など、生きていく上でとても重要な生きる力を育んでいくことができます。

「子育ての引き算」をすることで、「決めつけ」「期待の押しつけ」「べき思考」などが減り、私たち大人は子どもの姿を客観的に観察することができ、必要なサポートをよりすることができます。子どもはそんな大人に助けてもらいながら、「自分」を育んでいくことが叶うのです。

❷ 大人も子育てをしながら成長できる

モンテッソーリ教育の考えに沿った「子育ての引き算」をする中で、ご自分の日頃の思考や行動により〝意識的に〟なることがあるのではないかと思います。私自身も意識しないと、つい決めつけをしたくなったり、手出し口出しをしたくなったりすることがあります。最初は、意識することがおっくうだったり、意識してもうまくいかないことがあり、もどかしさを感じることもあるかもしれません。

しかし、このように〝意識的に〟なるからこそ、日頃は意識しない自分の価値観や思考に向き合うことができると思っています。さらに自分の強みや得意なことに気づくこともあれば、ときに「こんな一面が自分にはあったんだ」と新たな自分の一面にびっくりしたり、「自分がこんなに感情がコントロールできないとは思わなかった」とがっかりしたりすることもあるかもしれません。このようなお声を実際に多くいただきます。

子育ては、1ヶ月頑張れば終わる！というようなものではなく、子どもと共に生きていく中で長い長い時間をかけて行っていくことですよね。そのため、その〝意識的に〟なる数だけ、自分と向き合い、私たち自身が自分への認識（自己認識）を高めるチャンスになります。そして、その積み重ねが、私たち自身を「親」としてだけではなく、一人の「人間」としてもより良い方向へと成長することにつながっていくのです。

このように、モンテッソーリ教育の考えに沿って「子育ての引き算」を行うことで、子どもを一人の人格ある人として尊重し、子どもの育ちを信じて、力強くサポートすることができます。そして私たち大人の成長にもつながるのです。

さらに、モンテッソーリ教育の考え方に基づいた「子育ての引き算」は、大人と子ども双方に長期的な良い影響ももたらします。

2つの「楽」が叶う

この「楽」には2つの意味があります。

1つは「楽＝らく」ということ。

「楽＝らく」とは、心身の負担が少なく、快適であることを意味します。不必要なものを手放し、引き算をすることで心身の負担が少なくなるのです。そして、それが心地良さにつながります。

子どもも自立のために出ているエネルギーを自分が向けるべき場所に向けることが

できるのは、心地が良いのです。人生の初期から受け身で生きるのではなく、主体的に能動的に生活ができることは心地が良いのです。

さらに、私たち大人も子どもと同じです。

本当に大切にしたいこと、今目を向けるべきことに目を向けることができると、「楽＝心地が良い」のです。考えなくてもいいこと、過剰になっていることにエネルギーを使うのではなく、使うべきところに確実にエネルギーが使えるということは大人にとっても楽＝心地が良いことなのですよね。

ＳＮＳの普及で色々な情報が手に入るようになった一方で、その量の多さに飲み込まれてしまうこともある時代です。本来だったら見えない、知ることのない他人の子育てが目に入ったり、そこまで気にしなくても良いはずのことに対してもあれもこれもと気にしてしまうこともあるのではないでしょうか。また、日常的にわが子を見てくれる人が他におらず、子育てを自分ひとりで背負っている人や、子育てに加えて、家事や仕事とも両立している人もいるでしょう。「もうムリ！」と、いっぱいいっぱいな気持ちになって当然なのです。

しかし、本書で見てきたとおり、引き算の土台となる4つの考えと7つの引き算を意識することで、子どもも大人も「楽＝心地良さ」を感じることができるようになります。

このように、**子どもにも大人にも「楽＝心地良さ」をもたらしてくれます。**

もう1つの「楽」。**それは「楽しい」という意味です。「楽しい」とは、喜びや満足感、心地良さ、愉快さなど何かしらのポジティブな感情を指します。**

「子育ての引き算」がなぜ「楽しい」につながるのか。

子どもから見ていきましょう。

自分がやりたいこと、興味をもっていることにエネルギーを注ぐことができ、主体的に生活をし、それをときに認め、ときに導きながら助けてくれる大人がいる。その経験の中で湧いてくる感情は、満足感や喜びといったポジティブな感情でしょう。その感情や経験が子どもの「楽しい」につながっていきます。さらに、それらの積み重ねで子どもは、挑戦する力、自尊感情、やりぬく力などを育んでいくことができます。

そして私たち大人の場合、引き算することで子育ての楽しさに直結するのは一目瞭然です。感情、時間、物などあれやこれやと抱え込んでいたものが引き算され、心も軽くなる。

でも大切にしたい軸はしっかりともっている。目の前にいる子どもを先入観のないまなざしで観察することができる。そうしたときには、子どもとかかわる時間自体がより一層「楽しい」ものになるのです。目の前の「今」を大切に味わいながら過ごすことができる。それは**マインドフルネス（今、この瞬間に意識を集中すること）につながり、心が満たされ、「楽しい」という感情の経験になっていきます。**

このように、「子育ての引き算」をすることで得ることのできるメリットは、総じて**子どもと私たち大人に2つの「楽」をもたらしてくれるの**です。

◆家庭の「心理的安全性」が高まる

2つの「楽」が叶うことで、家庭の心理的安全性もぐっと高くなります。

心理的安全性とは、失敗を恐れることなく、自分の意見や気持ちを安心して表現でき、ありのままの自分でいられる環境のことです。つまりは、その自分がいる環境に安心感を抱くことができているかどうかということです。

子どもにとって、家庭は最も重要な心理的安全基地です。どんなに子どもを一人の人間として対等に捉えていたとしても、その場を主に管理している親の立ち振舞いが、家庭の心理的安全性に大きな影響を与えます。

そのため、大人が2つの「楽」を叶えると、「楽」だから余裕が生まれて、「楽しい」から笑顔が増えて、圧倒的に家庭の雰囲気がよくなるのです。

引き算することで、2つの「楽」に加えて、家庭の心理的安全性も高まるのです。

さらに将来、子どもがもっと大きくなった後に現れる良い変化もあります。これまで、「子育ては長い時間をかけて行うもの」だとお伝えしました。子育ての結果は10年、20年経ってからわかると言われています。〝その場〟だけではない、中長期に影響を与える力もあるのです。

まず、子どもは自分や他者を信じられるようになり、自信が育まれていきます。さらに内発的動機づけによって物事に取り組む中で、生涯学習の基礎ともなる好奇心や探究心、自分で考えて行動する力の育みにもつながっていくでしょう。

次に、自分を尊重してもらい、「自己」をしっかりと育むことで、他者を尊重し、協調する力に変わっていきます。これは、将来の人間関係や社会生活において大きな強みとなります。

このように**自分や他者を大切にしながら、自立と自律を成し遂げていくことは、変化の激しい現代社会に柔軟に適応し、創造的に問題解決できる力を発揮することにもつながります。**

「子育ての引き算」を通じてこれらの理念を実践することで、私たちは子どもたちに、より豊かな未来を準備することができるのです。

◆私たちから始めよう

ここまで「子育ての引き算」を見てきましたが、「これができたらいいんだけど、できないから苦しい」「難しいな」と感じている方もいらっしゃるかもしれません。

確かに子育て自体がもともと大変なことなので、子育ての大切なことを見極め、それを実践することは言うは易く行うは難しです。しかし、難しいからといってやらなかったら、子どもはあっという間に大きくなってしまいます。遅いということはありません。今日が一番お子さんが幼い日です。人生１００年時代と考えるなら、まだまだお子さんは人生のほんの初期にいるのです。

モンテッソーリ教育を築き上げたマリア・モンテッソーリはこう言っています。

「子どもは創造者です。子どもは、何もない無の状態から自分自身を『人間』として形成します」（『モンテッソーリは語る～新しい世界を生きる人を育てるために』マリア・モンテッソーリ著、小川直子監修／風鳴舎）

子どもは日々の中でそれだけ偉大なことを成し遂げているということ、さらにその力を子どもがもっていることがわかります。

さらにこう続けています。

「教育の本質は、一人ひとりの子どもたちの中に隠れたエネルギーが健全に発達するように、その子どもたちの持つ計り知れない可能性を『育む』ことにあります」

ここでいう「教育」は子育てにおいてもまったく同じことが言えます。この「育む」という言葉が鍵で、私たち大人が子どもに何かをやらせたり、子どもをコントロールしたりすることはできないのです。植物の球根のように、まだ結果はどうなるかわからないけど、育つのに必要な環境やかかわりを整え、育む助けをするということです。

まず私たちのまなざしや捉え方が変わると、巡り巡って子どもの行動や姿が変わっていきます。「子どもが〜できたら」という条件つきではなく、まず私たち大人が行動する。大切なものを見極め、必要ないものを引き算する。

上手くいくこともあれば、上手くいかないこともあると思います。そんなきれいにはいかないのが現実ですよね。でも、そのトライ&エラーこそが重要です。

子どもも失敗の経験を通して学ぶように、私たちも失敗していいのです。「子育てで失敗しちゃいけない」「ちゃんと子育てしないと」というプレッシャーはもう手放しましょう。

子どもは「自ら育つ力」をもっています。その力を信じて、私たちは一歩下がって助けていきましょう。その中で助け方が失敗するときだってあります。完璧を目指す必要はないのです。でも「大切にしたいこと」は明確にしていきましょう。

さらに、私たちは決して「親」をしているだけではありません。個人としての「○○さん」、妻や夫としての自分、親としての自分、仕事の自分、地域の自分、友人として、子どもとして、いろいろなアイデンティティがありますよね。いろいろな「自分」がいて、その中の1つに「親」としての自分がいます。

だからこそ、仕事との両立やパートナーシップのこと、実家や義実家との関係性など……「子育て」の悩みとひと言でいっても、実はさまざまなことが絡み合っていることがあります。

そんなときこそ「7つの子育ての引き算」をしてみましょう。そうすることで、ここをスタートに、私たちのありたい姿や大切にしたいことがより明確になり、私たち大人の自己実現にもつながっていきます。

しかし、日々子育てをしていると私たち大人の体調が悪くなることや、寝不足で余裕がなくなること、一人でたくさんのタスクを抱えてキャパオーバーになることもありますよね。そのようなときにいつもお伝えしていることがあります。それは、大人がまず自分を満たすことを優先していいということです。周りに頼って、一人の時間をつくって自分をケアする。誰も邪魔されずに眠る。そのようにして、まず私たち大人が自分の心と身体を尊重してあげる。するとその満たされたエネルギーは必ず子どもに巡っていきます。

今、こうして読み終えようとしているあなたはきっと心の中で「大切にしていきたいことはなんだろう」という問いが繰り返し湧いているのではないかと思います。その問いを繰り返しながら、必要のないものは子どものためにも自分のためにも「引き算」していく。そして、共に「楽」しい日々を過ごしていきましょう。きっとウェルビーイングな子育てが待っています。

おわりに

ここまで本書を読んでくださり、心から感謝いたします。忙しい日々の中で貴重な時間を割いていただき、ありがとうございました。

この本を通して、私たちが何を大切にすべきか、そして必要のないものを引き算して「楽＝心地よい」「楽しい」という2つの「楽」を感じていただけていたら嬉しいです。

少しだけ、私が「子どもが尊重される社会をつくる」という目標を持つに至った経緯をお話しさせてください。私はかつて公立幼稚園で働いていましたが、そこで「大人中心の保育」や「集団優先の教育」に違和感を覚えるようになりました。行事に追われ、子どもの「やりたい」が後回しにされる現実に悩み、もっと一人ひとりを尊重する教育が必要だと感じるようになったのです。

その思いがさらに強くなったのは、自分が母親になったときでした。

長女は早産で、誕生後すぐにNICUに入りました、そして生後20日目にやっと抱っこできた瞬間、「子どもとは、一人ひとりが唯一無二の存在なんだ」と心から思いました。その瞬間から、子どもたちがもっと尊重される教育や社会をつくりたいという強い決意が生まれました。

その後、教育を学び直し、モンテッソーリ教育と出会いました。この教育は「子どもを尊重する」という理念が根幹にあり、それこそが私が目指していたものでした。

子どもが尊重される社会をつくるために、まだまだ実現したいこと、解決したいことがあります。

実現したい社会に向けて、私の中にたくさんのパワーが湧いてくるのは、紛れもなく愛する2人の娘たちのお陰です。

あなたと、あなたの大切な人たちが生きるこれからの社会がより良い社会になるよう、自分たちの世代でできる最大限のことをしたい。

これが私のパワーの源です。

成長する姿をそばで助けられること、「ママ、あのね」って嬉しかったことや悲しかったことを話してくれること、「楽しいね」って言いながら笑い合えること。

これらはときに当たり前に感じてしまうけれど、決して当たり前ではないかけがえのない日々です。私を母にしてくれて、本当にありがとう。

さらに、どんなときも深い愛情と信頼で共に人生を歩んでくれる夫には感謝してもしきれません。いつもありがとう。

この本が完成するにあたり、編集担当者の榎本明日香さんをはじめ、イラストレーターの徳丸ゆうさん、力を貸してくださったみなさんに感謝します。そして、活動の仲間であるチームメンバーや、モンテッソーリペアレンツ、Parkのメンバーのみなさん、いつも本当にありがとうございます。

SNSで応援してくださるみなさん、心温まるメッセージにいつも励まされています。本当にありがとうございます。

まだまだお伝えしたいことは溢れてきますが、この辺りで本書を終わりにしたいと思います。最後までお読みくださりありがとうございました。

決して嬉しいことばかりじゃないけど、彩りのある毎日。これからも共に、今しかない子育ての時間を楽しんでいきましょう！

みなさまとお子さんの心豊かな毎日を心から願っております。

2024年秋　まだ子どもたちが寝ている早朝に　モンテッソーリ教師あきえ

購入者限定特典

本書にあるワークシートがダウンロードできる特典をご用意しています。ぜひプリントアウトしてワークにご利用ください。

ID　discover3103

パスワード　hikizan

https://d21.co.jp/formitem/

詰め込みすぎの毎日が変わる！

子育ての「引き算」

発行日　2024年11月22日　第1刷

Author　モンテッソーリ教師あきえ
Illustrator　徳丸ゆう
Book Designer　井上新八（装丁）　市川さつき（本文）

Publication　株式会社ディスカヴァー・トゥエンティワン
〒102-0093　東京都千代田区平河町2-16-1 平河町森タワー11F
TEL　03-3237-8321（代表）03-3237-8345（営業）
FAX　03-3237-8323
https://d21.co.jp/

Publisher　谷口奈緒美
Editor　榎本明日香

Store Sales Company
佐藤昌幸　蛯原昇　古矢薫　磯部隆　北野風生　松ノ下直輝
山田諭志　鈴木雄大　小山怜那　町田加奈子

Online Store Company
飯田智樹　庄司知世　杉田彰子　森谷真一　青木翔平　阿知波淳平
井筒浩　大崎双葉　近江花渚　副島杏南　徳間凜太郎　廣内悠理
三輪真也　八木眸　古川菜津子　斎藤悠人　高原未来子　千葉潤子
藤井多穂子　金野美穂　松浦麻恵

Publishing Company
大山聡子　大竹朝子　藤田浩芳　三谷祐一　千葉正幸　中島俊平
伊東佑真　榎本明日香　大田原恵美　小石亜季　舘瑞恵　西川なつか
野﨑竜海　野中保奈美　野村美空　橋本莉奈　林秀樹　原典宏
牧野類　村尾純司　元木優子　安永姫菜　浅野目七重
厚見アレックス太郎　神日登美　小林亜由美　陳玟萱　波塚みなみ
林佳菜

Digital Solution Company
小野航平　馮東平　宇賀神実　津野主揮　林秀規

Headquarters
川島理　小関勝則　大星多聞　田中亜紀　山中麻吏　井上竜之介
奥田千晶　小田木もも　佐藤淳基　福永友紀　俵敬子　池田望
石橋佐知子　伊藤香　伊藤由美　鈴木洋子　福田章平　藤井かおり
丸山香織

Proofreader　株式会社鷗来堂
DTP　株式会社RUHIA
Printing　日経印刷株式会社

ISBN978-4-7993-3103-3
KOSODATE NO HIKIZAN by　Montessori Kyoushi Akie